Guide to
non-electrified railways
in Japan

全国非電化鉄道案内

広い空を

堪能できる

鉄道路線

「旅と鉄道」
編集部 編

旅鉄 BOOKS

天夢人
Temjin

わたらせ渓谷鐵道　WKT-500形　上神梅〜大間々間

非電化の鉄道には
広い空がある

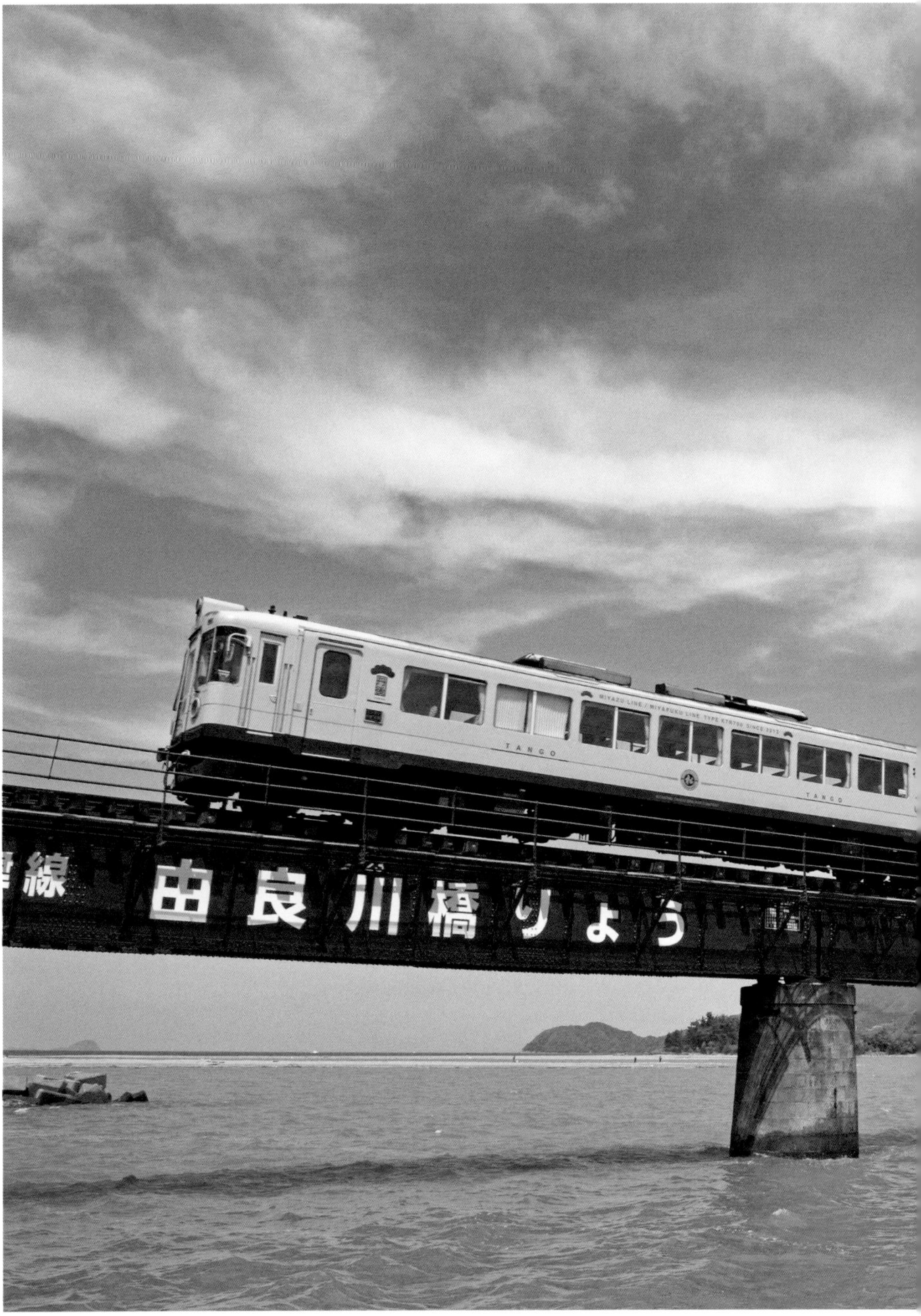

 京都丹後鉄道　丹後神崎〜丹後由良間

非電化のローカル線には、桜が美しい駅や沿線が多い。秋田内陸縦貫鉄道　桂瀬駅

非電化の鉄道で季節を感じる旅に出よう

非電化の鉄道には、清流沿いを走る路線が多い。長良川鉄道では、懐かしい国鉄色をまとう最新の気動車が行く。郡上八幡～相生間

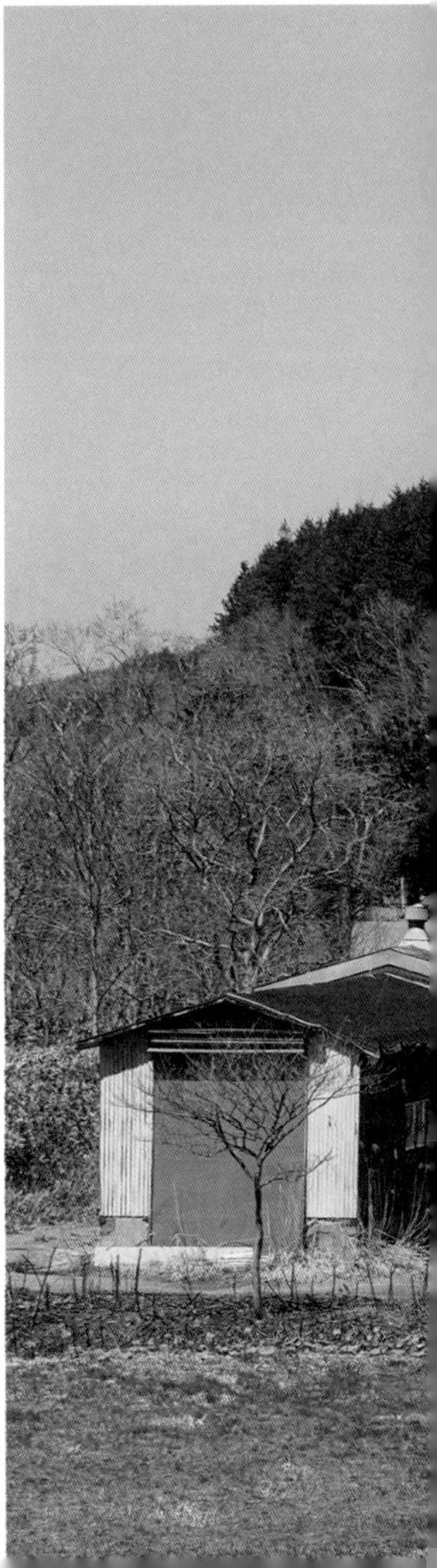

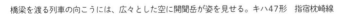

廃止が決定している函館本線の山線区間。かつてC62形が往来した路線を、H100形が行く。小沢駅

橋梁を渡る列車の向こうには、広々とした空に開聞岳が姿を見せる。キハ47形　指宿枕崎線

Contents

全国非電化路線MAP

chapter

1 北海道の非電化鉄道

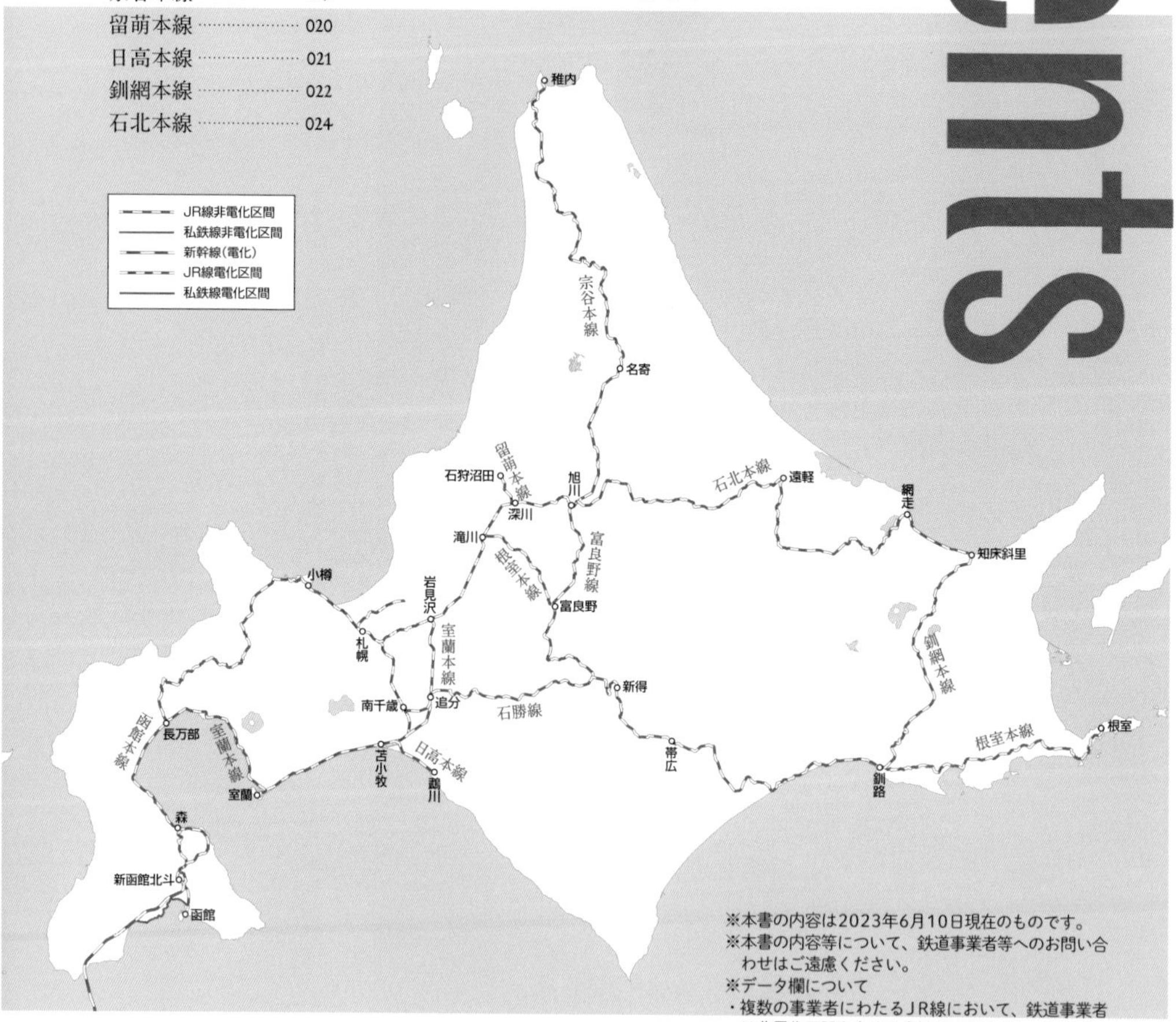

※本書の内容は2023年6月10日現在のものです。
※本書の内容等について、鉄道事業者等へのお問い合わせはご遠慮ください。
※データ欄について
・複数の事業者にわたるＪR線において、鉄道事業者は非電化区間を有する会社のみを表記しています。
・複数の路線を有する私鉄・第三セクター鉄道において、路線名・全区間は非電化区間のある路線のみを表記しています。

chapter

2 東北の非電化鉄道

chapter

3 関東甲信越の非電化鉄道

Contents

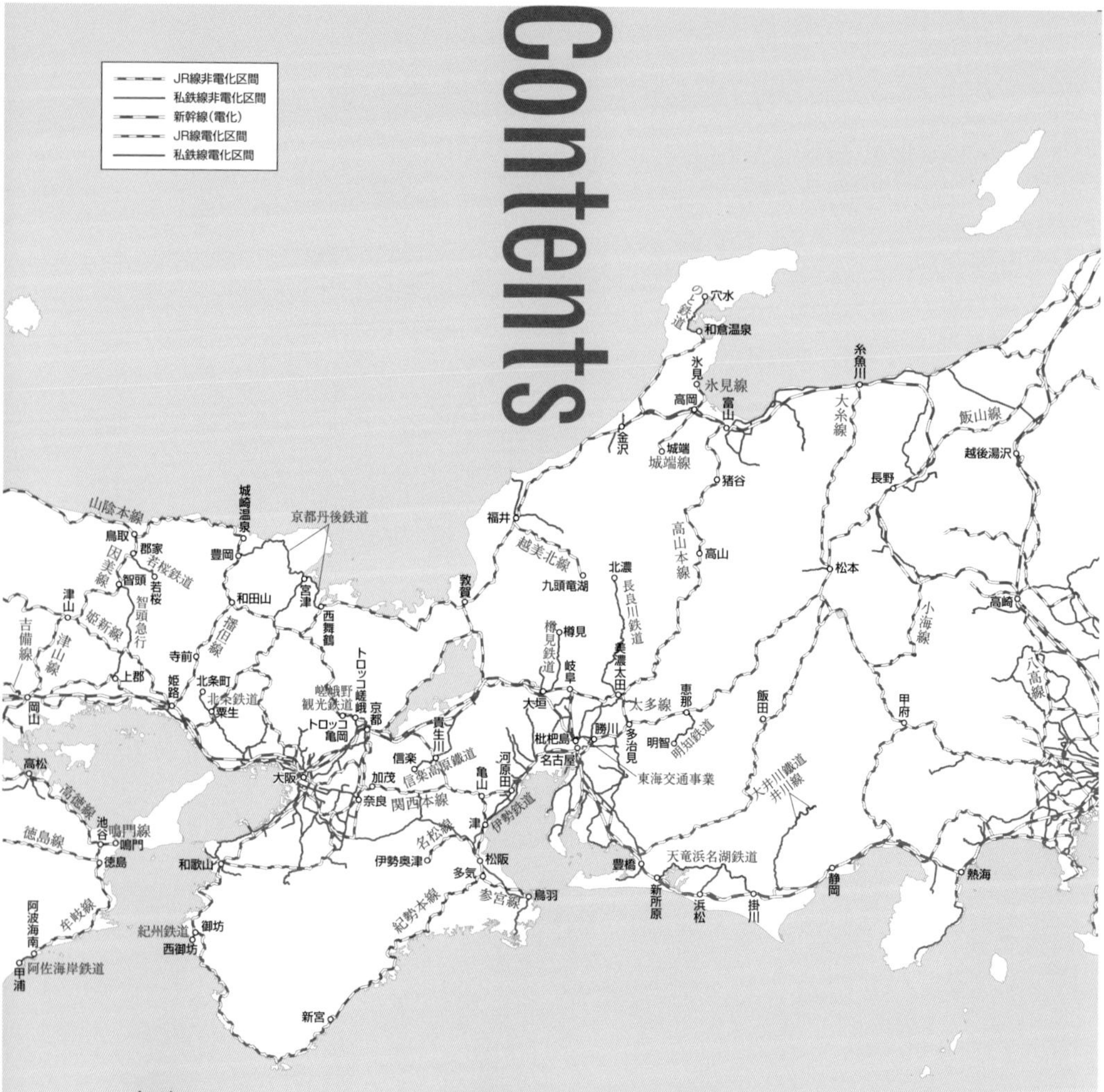

chapter

5 近畿の非電化鉄道

chapter

4 中部·北陸の非電化鉄道

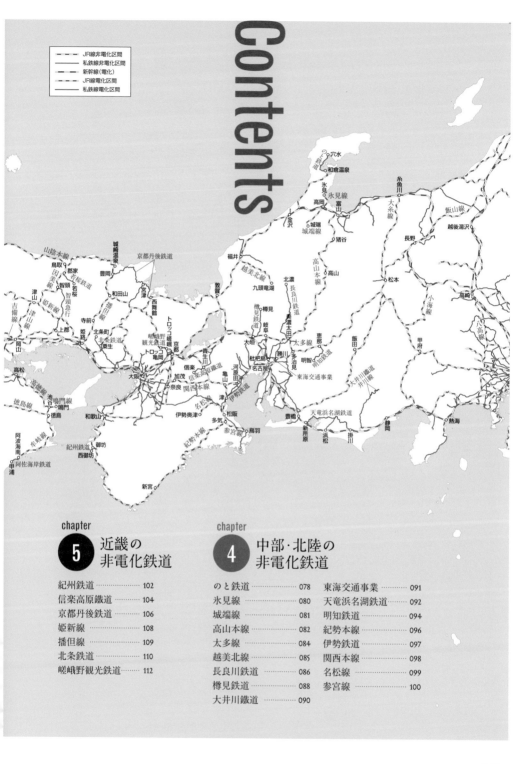

chapter

8 九州の非電化鉄道

chapter

6 山陰·山陽の非電化鉄道

chapter

7 四国の非電化鉄道

Prologue

日本の鉄道は、世界でも類を見ないほど電化率が高い。環境負荷が小さい電気で走る鉄道は、今の時代、地球にやさしくエコロジーな乗り物として再評価されている。

しかし、さまざまな理由から電化されない鉄道もある。近年は効率のよい新型気動車やハイブリッド車両なども登場し、ローカル線でも新しい車両が増えてきた。それでも変わらないのが、空の広さだ。架線柱のない開放感は、非電化の鉄道でなければ味わえない。

さあ、次の休みは非電化鉄道の旅に出かけてみよう。開放感のある車窓と魅力的な沿線が、あなたの心を解き放してくれるはずだ。

「旅と鉄道」編集部

chapter

1

北海道の非電化鉄道

non-electrified railway

函館本線

蝦夷富士こと羊蹄山を背に“山線”を走る最新のH100形電気式気動車。北海道新幹線の札幌延伸後は廃止される。倶知安～小沢間

二大都市を結ぶ最重要幹線 非電化の山線区間は廃止が決定

函館本線は、道南地方の拠点都市・函館と道央の旭川とを札幌経由で結ぶ全長458・4㎞の幹線。沿線の人口規模が大きい小樽～旭川間と、函館都市圏の函館～新函館北斗間は電化されているが、新函館北斗～小樽間の287・8㎞（砂原支線を含む）は非電化である。

沿線風景は長万部を境に趣が異なる。同駅以南は水田、野菜畑、牧場など農村風景が主体で、大沼を一望できる大沼公園周辺、大沼～森付近では北海道駒ケ岳、八雲～黒岩間では内浦湾沿いの区間が連続するなど景勝区間が多い。

一方、山線区間である長万部以北は針葉樹林が広がる森林風景が主体となり、蘭越《らんこし》～小沢《こざわ》付近ではニセコ連峰や羊蹄《ようてい》山を車内から望める。

長万部以南の区間は室蘭本線・千歳線とともに函館～札幌間のメインルートを形成し、キハ261系1000番代を使用する特急「北斗」が1日11往復設定される。函館～長万部間の普通列車はキハ40形が主力である。

一方、長万部以北はローカル輸送に特化したダイヤで、長万部～小樽間を通しで運転される列車は1日下り3本・上り1本のみ。長万部～札幌間は電気式気動車のH100形が投入され、2020（令和2）年3月ダイヤ改正で全列車を一気に置き換えた。なお、蘭越～札幌間の快速「ニセコライナー」には世界でも珍しい電車と協調運転できるキハ201系を用いる。

鉄道事業者
JR北海道

路線名
函館本線

全区間
函館～旭川

非電化区間
新函館北斗～小樽

使用車両
H100形、キハ40形、キハ201系、キハ261系ほか

噴火湾こと内浦湾沿いに札幌を目指すキハ261系1000番代の特急「北斗」。背後には駒ヶ岳が見える。落部～野田生間

雪が積もった大沼ですれ違うDF200形牽引の貨物列車と、キハ40形の普通列車。

non-electrified railway 02

室蘭本線

鉄道事業者
JR北海道
路線名
室蘭本線
全区間
長万部・室蘭〜岩見沢
非電化区間
沼ノ端〜岩見沢
使用車両
キハ40形、キハ150形、H100形、キハ261系ほか

非電化区間は噴火湾沿い区間が車窓のハイライト

長万部と札幌都市圏のベッドタウン・岩見沢とを結ぶ全長218・0km（室蘭〜東室蘭間の枝線を含む）の幹線。道央地方のメインルートを成す室蘭〜沼ノ端間は1980（昭和55）年10月に電化されたが、長万部〜東室蘭間、沼ノ端〜岩見沢間は非電化のまま存置されている。前者は内浦湾（噴火湾）沿いの景勝区間が連続、秘境駅として人気の小幌《こぼろ》駅も区間に含まれる。後者は石狩平野東部の農村地域を走行、肥沃《ひよく》な大地と夕張山地の雄大な山並みを堪能できる。

長万部〜東室蘭間を通して運転される普通列車は1日4・5往復、豊浦・伊達紋別〜東室蘭間の列車もある。沼ノ端〜岩見沢間の通しの列車は6・5往復、全列車が苫小牧を始発・終着とする（上り1本のみ糸井行き）。非電化全区間でH100形を充当、糸井〜岩見沢間にはキハ40形とキハ150形も入線する。長万部〜苫小牧間は特急「北斗」が走る。

基本的に複線の室蘭本線だが、長和〜稀府間は単線で、キハ261系特急「北斗」（右）と普通列車のH100形が北舟岡駅で行き違いをする。駅の脇には内浦湾が迫り、遠くに有珠山を望める絶景の駅だ。

1

non-electrified railway 03

石勝線

国鉄末期に開業した日高山脈を貫く北海道横断路線

石勝線は、千歳線の南千歳と根室本線の新得（上落合信号場）とを結ぶ全長132・4㎞の幹線で、路線名は石狩地方（札幌市周辺）と十勝地方（帯広市周辺）の短絡ルートとして建設された同線の成り立ちにちなんで命名された。「北海道の背骨」こと日高山地を貫くため沿線人口は希少。そのため駅間距離は長く旅客駅は8駅のみ。それに対し列車の行き違いなどの目的で設置される信号場は、区間内で17カ所に及ぶ。

普通列車は南千歳〜追分・新夕張間に合計6往復が運転されるが、新夕張〜新得間は普通列車の設定が1本もないため、特急券なしで特急列車の普通車自由席に乗車できる。追分〜新夕張間は旧夕張線（開業時は北海道炭礦鉄道）から編入されたことから、それ以外の区間とは趣が異なる。

普通列車にはキハ40形とキハ150形を充当、全列車がワンマン運転となる。

鉄道事業者
JR北海道
路線名
石勝線
全区間
南千歳〜新得
非電化区間
南千歳〜新得
使用車両
キハ40形、キハ150形、キハ261系

シェルターに覆われた分岐器を通り、川端駅に入線するキハ261系1000番代の特急「とかち」。

non-electrified railway 04

根室本線

ダイナミックな景観が堪能できる全国有数の景勝路線

鉄道事業者
JR北海道

路線名
根室本線

全区間
滝川〜根室

非電化区間
滝川〜根室

使用車両
キハ40形、キハ54形、H100形、キハ261系

根室本線は、北海道空知《そらち》地方の拠点都市・滝川から日本最東端の都市・根室を結ぶ443・8㎞の幹線。かつては全区間が道央と道東を結ぶメインルートとして機能していたが、1981（昭和56）年10月に石勝線が開通すると滝川〜新得間はローカル輸送主体となる。また、釧路〜根室間も沿線人口が希少なことから輸送密度が低く、1991（平成3）年7月にはこの区間

1

根室本線を行くキハ261系1000番代の特急「おおぞら」。北海道の広大さを実感する旅路である。

札幌との根室を結ぶルートは石勝線を経由するため、滝川～新得間は普通列車のみが走る。野花南～富良野間

釧路～根室間には花咲線の路線愛称が付けられている。落石岬をキハ54形が行く。別当賀～落石間

に「花咲《はなさき》線」の路線愛称が制定され、各種の活性策が実施されている。

沿線風景は大雪山系と夕張山地に挟まれた山岳区間（赤平《あかびら》～新得間の大部分）と石狩平野（滝川～赤平間）、富良野盆地（富良野～山部間）、帯広平野（新得～池田間）、根釧《こんせん》平野（大楽《おたの》毛《しけ》～根室間）などの平坦区間で大きく異なり、前者は森林地帯、後者は水田、畑、酪農地など農業地帯となる。富良野、帯広、釧路の各駅とその周辺では都市近郊風景が続く。

特急は札幌～帯広間の「とかち」5往復と札幌～釧路間の「おおぞら」6往復。車両はキハ261系を充当する。新得～池田間は普通列車が1～2時間おきに設定されるが、花咲線区間を通して運転されるのは快速を含めて1日6往復のみ。

東鹿越～新得間は災害により不通となっておりバス代行運転を実施中。2024年3月末の富良野～東鹿越～新得間の廃止が決定している。

富良野線

鉄道事業者
JR北海道
路線名
富良野線
全区間
旭川〜富良野
非電化区間
旭川〜富良野
使用車両
H100形、
DE15形＋510系

道北有数の観光地 ラベンダー畑が 車窓に展開

旭川と富良野とを結ぶ富良野線は、大雪山系の雄大な山並みと、北海道ならではの広大な大地（農地）が堪能できる景勝路線として人気が高い。車窓のハイライトは上富良野〜中富良野間付近で、夏季にはラベンダー畑と麦畑のグラデーションが楽しめる。

地域の名産・安山岩を建材とした美瑛《びえい》駅舎や、美馬牛《びばうし》をサミットとする峠筋に植わるカラマツの防雪林も見逃せない。西御料、西瑞穂、西神楽、西聖和と「西」が付く駅が4連続する一帯では旭川空港と離発着する航空機、学田駅周辺ではワイン工場やブドウ畑が一望できる。富良野はドラマ「北の国から」の舞台として有名である。

観光シーズンには観光列車「富良野・美瑛ノロッコ号」が510系客車で運転され、同線のシンボル的な存在だ。普通列車は2023（令和5）年3月にキハ54形、キハ150形の運用が終了し、H100形に統一された。

ラベンダー畑が彩る富良野線を行く、「富良野・美瑛ノロッコ」。富良野〜美瑛・旭川間に3往復が運転される。中富良野〜（臨）ラベンダー畑間

non-electrified railway 06

宗谷本線

原野と針葉樹林が堪能できる日本最北路線

宗谷本線は、旭川と日本最北端の都市・稚内と結ぶ全長259・4㎞の路線。道北地方を縦貫する道内の基幹路線だが輸送密度は低く、地方交通線に分類されている。

旭川周辺を除く大部分の区間で、道北の肥沃な大地と豊かな自然を堪能できる。比布《ぴっぷ》～和寒間は石狩川水系と天塩《てしお》川水系を分かつ塩狩峠が横たわる深山幽谷の世界。士別～幌延間は天塩山地と北見山地の狭間にある名寄盆地を走行、車窓から天塩川の清流を望める区間も多い。幌延以北ではサロベツ原野を走行、抜海～南稚内間では海越しに利尻山を一望できる。

特急は旭川～稚内間の「サロベツ」2往復と札幌～稚内間の「宗谷」1往復。旭川～名寄間には快速「なよろ」4往復が設定され、H100形を使用する。2022(令和4)年からは、春から初夏に臨時急行「花たびそうや」(旭川～稚内間)も設定される。

鉄道事業者
JR北海道
路線名
宗谷本線
全区間
旭川～稚内
非電化区間
旭川～稚内
使用車両
キハ40形、キハ54形、H100形、キハ261系

宗谷本線では、機関を2基搭載した強力なキハ54形が運行を続けている。利尻富士こと利尻山を背に、最北付近の線路を行く。抜海～南稚内間

留萌本線

鉄道事業者
JR北海道
路線名
留萌本線
全区間
深川～石狩沼田
非電化区間
深川～石狩沼田
使用車両
キハ40形、キハ54形

暑寒別岳の山並みと田園風景が広がる最短距離の本線

留萌本線は、空知地方の中核都市・深川と雨竜地域の拠点・沼田町とを結ぶ全長14・4kmの路線で、本線を名乗る路線としては最短となる。かつての営業区間は深川～増毛間(66・8km)だったが、営業収支の悪化に伴い2016(平成28)年12月に増毛～留萌間、2023(令和5)年4月に留萌～石狩沼田間が廃止。現在の営業区間も2026年春までの廃止が決定している。

沿線は石狩平野北東端に位置しており、車窓からは暑寒別岳《しょかんべつ》をはじめとする天塩山地や増毛山地の雄大な山並みを一望できる。板張りホームが残存する北《きた》秩父別《ちっぷべつ》駅、古風な木造駅舎が現役の北一已《きたいちやん》駅など3つの途中駅はいずれも個性的。線内折り返しはなく1日7往復を設定、北秩父別駅を通過する列車もあるので途中下車の際は注意が必要。車両はキハ54形とキハ150形を充当、単行運転が基本となる。

雪が積もる北秩父別駅に停車するキハ54形。板張りのホームや小さな待合室など、仮乗降場を出自とする駅らしいつくり。

1

non-electrified railway 08

日高本線

苫小牧平野に広がる工業地帯を横断する短距離区間の盲腸線

日高本線は、道央南部の拠点都市・苫小牧の代表駅である苫小牧と、勇払郡むかわ町の鵡川《むかわ》とを結ぶ全長30・5㎞の地方交通線である。かつては胆振《いぶり》地方（苫小牧市周辺）と日高地方各地域を結ぶ基幹交通機関として機能していたが、2015（平成27）年1月に発生した高波災害で鵡川～様似《さまに》間の116・0㎞が被災、以後長らく代行バスが運転されていたが、2021（令和3）年4月に同区間の鉄道事業が廃止され、鵡川以南は正式にバス転換されている。

残存区間の車窓からは苫小牧の工場群、勇払原野の広大な風景、日高山脈と夕張山地の勇壮な山並みを望むことができる。終点の鵡川を含む全駅が無人駅、列車の行き違い設備を備えた駅もなく、本線を名乗るものの実質的には盲腸線の位置付け。列車は1日8・5往復、車両はキハ40形に統一されている。

鉄道事業者
JR北海道
路線名
日高本線
全区間
苫小牧～鵡川
非電化区間
苫小牧～鵡川
使用車両
キハ40形

苫小牧の名物ともいえる製紙工場の煙突を背に、鵡川へ向かう日高本線のキハ40形。勇払～浜厚真間

non-electrified railway 09

釧網本線

釧路湿原を縦貫 流氷も堪能できる景勝路線

桂台〜知床斜里間は、オホーツク海に沿って走る。北浜駅には展望台が設けられ、海と列車をカメラに収められる。真冬になると、流氷が線路のすぐ近くまで迫る。

鉄道事業者	JR北海道
路線名	釧網本線
全区間	網走〜東釧路
非電化区間	網走〜東釧路
使用車両	キハ40形、キハ54形ほか

釧網本線は北海道東部を縦貫する全長166・2kmの地方交通線で、名称は釧路市（東釧路駅）と網走市（網走駅）を結ぶことにちなむ。道東の大自然を堪能できる路線として名高く、沿線には国立公園（知床、阿寒摩周、釧路湿原）に指定されている区間が多く含まれる。

ホームからもオホーツク海を一望できる北浜を過ぎると「原生花園」エリアを走行。短い夏を謳歌するように咲き乱れる野生の花が鑑賞できる。浜小清水〜知床斜里間は、冬季にはオホーツク海の流氷群を車内から堪能できる。知床半島やウトロ温泉の玄関口、知床斜里からは山越えにルートを変える。

緑〜川湯温泉間の野上峠で25‰の急勾配を越えると、阿寒湖、摩周湖、屈斜路湖の玄関口である摩周。当駅には足湯が設置されており旅人に人気。標茶《しべちゃ》〜遠矢間では日本最大の湿原・釧路湿原を走行、道東の豊かな大自然が実感できる。

現在は優等列車の設定はなく、全区間通しの列車は1日5往復、うち1往復が快速「しれとこ摩周号」。知床斜里、緑、川湯温泉、摩周の各駅を始発・終着とする列車の設定もある。車両には国鉄時代に製造されたキハ40形とキハ54形を用いる。

このほか、湿原観光客向けの臨時列車「くしろ湿原ノロッコ」が川湯温泉・塘路《とうろ》〜釧路間に運転され、道東観光の目玉となっている。

1

釧路～塘路・川湯温泉間で運転される「くしろ湿原ノロッコ」。釧網本線は釧路湿原の中に敷設されたため、類を見ない自然を車窓から満喫できる。細岡～釧路湿原間

臨時駅の原生花園を発車したキハ54形500番代。色とりどりの野生の花が咲き乱れる。

石北本線

鉄道事業者
JR北海道
路線名
石北本線
全区間
新旭川～網走
非電化区間
新旭川～網走
使用車両
キハ40形、キハ54形、キハ150形、H100形、キハ283系

針葉樹林帯に連なる5つの信号場周辺は道内有数の景勝区間

石北《せきほく》本線は、旭川（新旭川駅）とオホーツク沿岸地域の拠点都市・網走を結ぶ全長234・0㎞の地方交通線。路線名は石狩地方と北見地方を結ぶことから命名された。石狩山地や北見山地の山岳区間、上川盆地や北見盆地に広がる農業地域を横断するため、車窓には雄大な光景が連続。特に上川～遠軽《えんがる》～留辺《るべ》蘂《しべ》間は深山幽谷の世界が広がり同線随一の景勝区間だ。遠軽はスイッチバック構造となっているため、全列車が4～8分程度停車する。

特急は札幌～網走間の「オホーツク」と旭川～網走間の「大雪」が各2往復設定、車両にはキハ283系を充当する。旭川～北見間にはキハ54形を用いる快速「きたみ」が1日1往復。普通列車は全区間を通しての設定はなく、当麻、上川、遠軽、生田原、留辺蘂、東相内、北見などで折り返す。普通列車を乗り継いで全区間を乗車すると約7時間を要する。

紅葉が美しい湧別川沿いに遠軽を目指すキハ40形の普通列車。石北本線は険しい山々を抜け、北見、網走へと至る。白滝～丸瀬布間

1

chapter

2

東北の非電化鉄道

non-electrified railway

non-electrified railway 11

津軽鉄道

津軽鉄道は青森県唯一の非電化私鉄で、JR五能線五所川原駅に隣接する津軽五所川原と北津軽郡中泊町の玄関駅・津軽中里を結ぶ津軽鉄道線（全長20・7㎞）を営業する。地元では愛称の「津鉄」で呼称されるのが一般的。沿線には田園風景が展開、多くの区間で津軽地方のシンボル・岩木山を望むことができる。

春先は芦野公園の桜のトンネルが見事。冬は凍てつく地吹雪の銀世界となり、この時期の冬ざれの光景も津軽鉄道の魅力だ。

五所川原出身の文豪・太宰治の名作から「走れメロス号」と命名された軽快気動車・津軽21形によるワンマン運転が基本。運転は1時間に1本程度で、金木《かなぎ》～津軽中里間の区間列車が1往復ある。下り最終は津軽五所川原20時発と早い。

岩木山を背にした津軽21形。車体には太宰治の作品にちなんだ「走れメロス」の愛称が書かれている。大沢内～深郷田間

冬季運転のストーブ列車は津軽の冬の風物詩

また、12月～翌年3月に運転される同社の冬の風物詩「ストーブ列車」はDD350形ディーゼル機関車が、元国鉄客車のオハフ33形、オハ46形と津軽21形の計3両を牽引する。こちらは1日3往復の運転となる。津軽鉄道ではほかに7～8月に風鈴列車、9月～10月中旬に鈴虫列車などのイベント列車も運行される。

2

鉄道事業者
津軽鉄道

路線名
津軽鉄道線

全区間
津軽五所川原～津軽中里

非電化区間
津軽五所川原～津軽中里

使用車両
津軽21形ほか

全線単線で列車の行き違いが可能なのは途中の金木のみ。津軽五所川原と金木には国内で唯一現存する腕木信号機が使われている。

「ストーブ列車」は、今や希少な客車列車でもある。ストーブのある有料の旧型客車と、気動車（一般車）をつないだ3両編成をディーゼル機関車が牽引。

non-electrified railway 12

八戸線

鉄道事業者
JR東日本
路線名
八戸線
全区間
八戸〜久慈
非電化区間
八戸〜久慈
使用車両
キハE130形500番代ほか

三陸縦貫線の北端部を成す八戸都市圏の基軸交通

青森県の八戸と岩手県三陸地方の久慈を結ぶ全長64・9㎞の八戸線。路線名は起点駅名称（八戸）から命名された。「うみねこレール八戸市内線」の路線愛称が制定されている八戸〜鮫間は主に市街地を走行するが、鮫以南では田園、森林、海岸、海沿い集落など多彩な車窓風景が楽しめる。地域有数の観光地であるウミネコ繁殖地・蕪島《かぶしま》（鮫駅最寄り）や天然芝海岸・種差海岸（種差海岸駅最寄り）など見どころは全線を通じて海側に多い。

車両はセミクロスシートのキハE130系1〜2両編成で、ワンマン運転が半数以上を占める。全線直通列車は1日8往復だが、八戸〜鮫間は1時間に1本の設定。階上〜八戸間の区間列車も1本ある。土休日を中心にキハ110系改造のレストラン列車「TOHOKU EMOTION」が全線で運転される。

八戸線は、鮫を過ぎると海岸線沿いに久慈まで進む。鮫角灯台が建つ丘陵のふもとを、海岸線に沿って大きくカーブする。鮫〜陸奥白浜間

2

大湊線

non-electrified railway 13

陸奥湾沿いの区間が連続する下北半島縦貫路線

大湊線は、青い森鉄道の野辺地と大湊を結ぶ全長58・4㎞の地方交通線で、「はまなすベイライン大湊線」の路線愛称が制定されている。沿線には陸奥湾の海岸沿いの区間が連続し、乗車する場合は進行方向左手（下り列車の場合）に陣取るのがお勧め。また、この一帯は風が強いことでも知られており、車窓からは風力発電所の風車を数多く確認できる。大湊駅一帯では下北半島の最高峰・釜臥《かまふせ》山の威容も見逃せない。

車両はセミクロスシートのキハ100形を充当。定期列車は1日9往復で、3往復は青い森鉄道八戸まで乗り入れる。下り2本、上り3本は快速「しもきた」として運転。多客期には臨時快速「ふるさと大湊」が運転される。日中の快速通過駅では、上りで最大7時間半も列車が停車しない時間帯が存在する。全線単線で列車の行き違いができるのは、設備のある陸奥横浜のみ。

鉄道事業者
JR東日本
路線名
大湊線
全区間
野辺地～大湊
非電化区間
野辺地～大湊
使用車両
キハ100形ほか

陸奥湾に面した線路を行くキハ100形。観光列車「リゾートあすなろ下北」は車両改造のため、2023年8月で運転終了予定。

non-electrified railway 14

三陸鉄道

大規模被災を克服し 8年ぶりの全線復旧を果たす

東日本大震災での壊滅的な被災から復活を遂げた三陸鉄道。大沢橋梁を「さんりくしおさい」を先頭にした列車が行く。堀内〜白井海岸間

三陸鉄道は岩手県太平洋岸・三陸地方を縦貫する全長163・0㎞の長大非電化路線・リアス線（盛〜久慈間）を営業する第三セクター鉄道。国鉄の赤字ローカル線の経営分離によって発足した第三セクター鉄道の嚆矢《こうし》で、1984（昭和59）年4月の営業開始当時は北リアス線（宮古〜久慈間）と南リアス線（盛〜釜石間）の2路線を有していた。2019（平成31）年3月に東日本大震災の被災から8年ぶりに復旧した釜石〜宮古間（旧・JR山田線）についても同社が承継、全区間がリアス線として再編された。

車窓は太平洋が望める進行方向右手（下り列車の場合）がお勧め。大船渡、鵜住居《うのすまい》、大槌、陸中山田などの各駅周辺に広がる震災復興による現代的な新街区も見逃せない。

車両はセミクロスシートの36-100形とクロスシートの36-700形が主力。このほかにレトロ調の36-R形「さんりくしおさい」、お座敷仕様の36-Z形「さんりくはまかぜ」も在籍する。

全線直通列車は下り1本、上り2本のみで、大半の列車は宮古、釜石で折り返す。1〜2時間に1本程度の運転間隔が確保されている。全区間を通しで乗車すると、約5時間半を要する。

近年では、ツアー列車として運転される夜行列車「さんりくあさかぜ号」の運転も人気を集めている。

鉄道事業者
三陸鉄道

路線名
リアス線

全区間
盛〜久慈

非電化区間
盛〜久慈

使用車両
36-100形、36-700形ほか

2

1984年の開業時に投入された36-200形。独自の前面デザインが特徴の「三鉄の顔」だったが、36-700形に置き換えが進む。島越

2013年に登場した36-700形。震災復興のため、クウェートからの支援で導入。その後、8両を自社でも増備した。鵜住居〜大槌間

山田線

鉄道事業者
JR東日本
路線名
山田線
全区間
盛岡〜宮古
非電化区間
盛岡〜宮古
使用車両
キハ110系

被災区間の経営分離で山岳区間のみが残存する岩手県央横断路線

山田線は、岩手県の県都・盛岡市と同県太平洋岸の都市・宮古を結ぶ全長102・1kmの地方交通線である。かつては盛岡〜宮古〜陸中山田〜釜石間の路線だったが、2011（平成23）年3月の東日本大震災の津波被害で宮古〜釜石間の多くの施設が流出・分断。19（平成30）年3月に復旧を果たすが、それと同時に三陸鉄道に経営移管（JR山田線から分離）された。

現存区間は北上高地を横断する山岳区間主体の路線で、特に上米内《かみよない》〜区界《くざかい》間は急峻な地形でS字カーブやトンネルが連続する。一方、区界〜宮古間は閉伊《へい》川に面した谷底低地を走行するため比較的平坦である。全区間通しの定期列車は1日4往復、うち1・5往復は快速「リアス」となる。このほか盛岡〜上米内間に3往復（平日）の区間列車の設定もある。車両はキハ110系に統一されている。

屈曲しながら流れる閉伊川を、山田線は橋梁で何度も越えていく。腹帯〜陸中川井間

non-electrified railway 16

釜石線

メルヘン情緒あふれる岩手県南部横断の都市間山岳路線

東北本線の花巻と、三陸地方南部の釜石を結ぶ釜石線は、全長90・2㎞の地方交通線。路線名は終点の駅名から命名された。同線の前身・釜石軽便鉄道が童話作家・宮沢賢治の代表作『銀河鉄道の夜』のモチーフとされたことから、「銀河ドリームライン釜石線」の路線愛称を持つ。銀河鉄道の夜の世界観をイメージした各駅の駅名標には、賢治が愛したエスペラント語の副駅名も記載され異国情緒を醸す。

岩手県内陸部と三陸地方の間の広大な山岳地帯・北上高地を横断することから路線の大部分は山間部を走行。難所・仙人峠の中腹にある陸中大橋駅付近は、勾配を克服するためオメガ状の線形とされている。車両はキハ100形とキハ110系を充当、快速「はまゆり」(盛岡~花巻~釜石間)にはリクライニングシートの指定席車を連結する。

鉄道事業者
JR東日本
路線名
釜石線
全区間
花巻~釜石
非電化区間
花巻~釜石
使用車両
キハ100形、
キハ110系ほか

旧橋が宮沢賢治の『銀河鉄道の夜』のモチーフとなったといわれている宮守川橋梁。土木遺産や近代化産業遺産にも認定されている。宮守~柏木平間

大船渡線

蛇行した線形から ドラゴンレールと命名 気仙沼以北はBRTに

鉄道事業者
JR東日本
路線名
大船渡線
全区間
一ノ関〜盛
非電化区間
一ノ関〜気仙沼
使用車両
キハ100形

大船渡線は、岩手県南部の中核都市・一関（駅名は一ノ関）と南三陸の大船渡とを結ぶ全長62・0kmの地方交通線。敷設当時の政党間の駆け引きにより陸中門崎《かんざき》〜千《せん》厩《まや》間の線形は竜の背中のように大きく蛇行しており、路線愛称の「ドラゴンレール大船渡線」の由来となっている。

以前の営業区間は一ノ関〜盛間だったが、東日本大震災で気仙沼〜盛間が被災。同区間はBRT（バス高速輸送システム）として営業再開を果たした。北上高地を横断することから山岳区間が連続、陸中門崎〜猊鼻渓《げいびけい》間では砂鉄川、千厩〜気仙沼間では大川沿いを走行する。

2012（平成24）年12月に運転開始した「ポケモン・ウィズ・ユー・トレイン」（1日1往復／臨時列車）は当線の看板列車。全区間通しの普通列車は1日9往復が設定される。

北上高地を横断する大船渡線は、土地を選んで多くのカーブを曲がりながら進んでいく。陸中門崎〜真滝間

2

non-electrified railway 18

気仙沼線

震災による分断を経て短距離区間のみが鉄道路線として存続

気仙沼線は、宮城県石巻市の前谷地《まえやち》と同県登米《とめ》市の柳津《やないづ》を結ぶ全長17・5㎞の地方交通線。全線単線で中間駅の陸前豊里のみ列車の行き違い設備を有する。かつての気仙沼線の営業区間は前谷地～気仙沼間（全長72・8㎞）だったが、東日本大震災により全線が被災。鉄道として再開できたのは前谷地～柳津間のみで、残る区間はBRT（高速バス輸送システム）として営業再開を果たした。

沿線は日本を代表する穀倉地帯で、車窓には田園風景が連なる。全区間が旧北上川に近接、御岳堂《みたけどう》周辺と柳津近くの北上川橋梁では車窓からも川面を眺めることができる。

キハ110系充当の普通列車が1日9往復運転、一部は石巻線を経由して小牛田《こごた》まで直通する。列車設定のない時間帯には、前谷地～柳津間にも気仙沼に直通するBRTが乗り入れる。

鉄道事業者
JR東日本
路線名
気仙沼線
全区間
前谷地～気仙沼
非電化区間
前谷地～柳津
使用車両
キハ110系

路線の大半がBRTに転換された気仙沼線。沿線は内陸の穀倉地域のみになった。

石巻線

鉄道事業者
JR東日本
路線名
石巻線
全区間
小牛田〜女川
非電化区間
小牛田〜女川
使用車両
キハ110系、HB-E210系

海苔や牡蛎の養殖地 万石浦界隈は地域有数の景勝区間

石巻線は、仙台平野北部と牡鹿《おじか》半島の付け根を横断する地方交通線。東日本大震災によって石巻以東は甚大な被害を受けているが、震災から約4年の歳月を経て全線復旧している。車窓風景は区間ごとに趣を異にしており、小牛田〜曽波神《そばのかみ》間は広大な穀倉地帯、曽波神〜石巻〜沢田間は石巻都市圏の市街地、沢田〜女川《おながわ》間は海岸と山林が続く。特に沢田〜浦宿間は内海・万石浦に沿って走行、車内からも南三陸の海岸美を楽しむことができる。終着の女川駅は震災後に嵩上《かさ》げされた街区に設置、駅構内には駅ナカ入浴施設「女川温泉ゆぽっぽ」を併設する。

使用車両はキハ110系が基本だが、1日1往復、仙石東北ラインの快速列車（HB-E210系）が石巻〜女川間に乗り入れる。小牛田〜前谷地間には柳津発着の気仙沼線乗り入れ列車も設定される。

内陸の穀倉地帯を行くキハ110形の普通列車。小牛田〜石巻間は、仙石線貨物支線経由の貨物列車も走行する。涌谷〜前谷地間

津軽線

気動車充当区間が被災 存廃協議が開始され 復旧は微妙な情勢

津軽半島東部を縦貫する津軽線は、全長55・8㎞の地方交通線である。青函トンネル（海峡線）に接続する青森〜新中小国信号場間33・7㎞は、同トンネルが開業した1988（昭和63）年3月に電化され津軽海峡線（青森〜函館間の路線愛称）に編入されたが、新中小国信号場以北は非電化区間（22・1㎞）として存置された。この区間の車窓はバラエティーに富み、新中小国信号場〜今別間は日本有数の森林地帯を縦貫、今別〜三厩《みんまや》間は津軽海峡沿いに走行、津軽二股周辺には北海道新幹線の駅施設と並走する区間もある。

2022（令和4）年8月の豪雨災害により、気動車を充当する蟹田〜三厩間の一部が激しく被災、現在も同区間では代行バスによる輸送が続いている。23（令和5）年1月からはJR東日本と地元自治体との間で存廃協議が開始されており、予断を許さない状況だ。

鉄道事業者
JR東日本
路線名
津軽線
全区間
青森〜三厩
非電化区間
新中小国信号場〜三厩※
使用車両
GV-E400系
※2023年6月現在、運転休止中

終点の三厩駅に停車するキハ40形。同線のキハ40形は2022年3月で全列車がGV-E400系に置き換えられたが、同年8月には運休となった。

non-electrified railway 21

五能線

波打ち際区間が連続する北東北有数の観光路線

全長147・2kmの長大な地方交通線で、青森県津軽地方の五所川原と秋田県北部の能代の両駅を経由することから五能線と命名された。起点の東能代、終点の川部はいずれも奥羽本線の駅だが、両駅間の到達時間は電化・一部複線の奥羽本線の約1時間半に対し、非電化・全線単線の五能線は約4時間と大幅な開きがある。

五能線の最大の魅力は約90kmにわた

鉄道事業者
JR東日本

路線名
五能線

全区間
東能代〜川部

非電化区間
東能代〜川部

使用車両
GV-E400系、HB-E300系ほか

五能線の人気観光列車「リゾートしらかみ」。青池編成はハイブリッド車のHV-E300系を使用する。あきた白神

岩木山を背に、名産のリンゴ果樹園を行く普通列車。長らく五能線を支えたキハ40形は、2021年3月に引退した。

五能線の絶景区間、行合崎を行くGV-E400系の普通列車。深浦～広戸間

って日本海に近接するロケーションが連続することで、波打ち際を走行する区間も多い。千畳敷駅周辺の車窓風景は隆起海岸の自然美が堪能できることから特に人気。鯵ケ沢～川部間は津軽平野を走行、水田やリンゴ果樹園が連続。青森県の名峰・岩木山の威容も車窓から楽しめる。

国鉄時代はローカル輸送に徹していた五能線だが、1997（平成9）年4月に臨時快速「リゾートしらかみ」を投入。観光輸送に特化したサービスが奏功し、同線の観光需要の掘り起こしに成功した。同列車は現在3編成の専用車両が在籍しており、秋田～弘前・青森間に設定される（現在も臨時列車の扱い）。

全区間を通しで運転する普通列車は上り1本（快速）、下り3本のみの設定。長年キハ40系の独擅場だったが、2021（令和3）年3月に最新鋭の電気式気動車GV‐E400系への置き換えが完了した。

男鹿線

蓄電池電車を充当する秋田都市圏北部の地域輸送交通

鉄道事業者
JR東日本
路線名
男鹿線
全区間
追分〜男鹿
非電化区間
追分〜男鹿
使用車両
EV-E801系

奥羽本線の追分と男鹿半島の男鹿とを結ぶ男鹿線は全長26・4kmの全線単線で、「男鹿なまはげライン」の路線愛称が制定されている。全列車が奥羽本線の秋田を始発・終着としており、優等列車や区間列車の設定はない。運転頻度は1〜2時間に1本程度、列車行き違いは二田・脇本の両駅で行われる。

車両は2017（平成29）年に男鹿線で初登場した蓄電池電車EV-E801系（オールロングシート）を充当。秋田〜追分間の交流電化区間は電車として、非電化の男鹿線内は蓄電池駆動で走行する。半島を回る形で線路は延びるが、やや内陸部を走るため海はほとんど見えない。

車窓のハイライトは天王〜船越間にある船越水道。日本海と旧八郎潟残存湖をつなぐ水路で、進行方向右手（下り列車の場合）に淡水と海水を分かつ防潮水門が見える。

船越水道を渡る蓄電池電車のEV-E801系。なまはげをイメージした赤色と青色の2両編成を組む。船越〜天王間

non-electrified railway 23

花輪線

鉄道事業者
JR東日本
路線名
花輪線
全区間
好摩～大館
非電化区間
好摩～大館
使用車両
キハ110系

豪雨災害を乗り越え全区間が鉄道による復旧を果たす

花輪線は盛岡市北郊の好摩《こうま》と秋田県北の大館を結ぶ全長106・9㎞の地方交通線で、「十和田八幡平四季彩ライン」の路線愛称が制定されている。車窓は峠越え区間の連続で安比《あっぴ》高原や米代川の湯瀬渓谷など変化に富んだ景色を楽しめる。沿線には湯瀬温泉や大滝温泉などの秘湯もあり、途中下車しながらゆったりと鉄道旅を楽しみたい路線として人気を集めている。2022（令和4）年8月に鹿角花輪～大館間が豪雨災害に遭い、長らくバス代行運転が実施されていたが、23（令和5）年5月に全区間が復旧した。

車両はキハ110系で、2～3両編成が基本。ワンマン運転は行われていない。全線直通が1日5往復しかなく、ほかは荒屋新町と鹿角花輪《かづのはなわ》の折り返し列車となる。秋田県側の区間列車を除けば、すべてIGRいわて銀河鉄道の盛岡まで運転され、朝の上り列車1本は東北本線日詰まで直通している。

真っ赤に紅葉した湯瀬渓谷を行くキハ110系の普通列車。八幡平～湯瀬温泉間

秋田内陸縦貫鉄道

マタギの里を行く 山岳景勝路線 豪華仕様車の急行列車も設定

鉄道事業者
秋田内陸縦貫鉄道

路線名
秋田内陸線

全区間
鷹巣～角館

非電化区間
鷹巣～角館

使用車両
AN-8800形、AN-8900形、AN-2000形

桧木内川沿いの渓谷に沿って敷設された秋田内陸縦貫鉄道。開業時のカラーのAN-8800形が走る。上桧木内～戸沢間

秋田内陸縦貫鉄道は、秋田県内陸部の北秋田市（鷹巣）と仙北市（角館）を結ぶ第三セクター鉄道で、国鉄阿仁《あに》合《あい》線と角館線を継承して発足、「スマイルレール秋田内陸線」の路線愛称が制定されている。車両はセミクロスシート・トイレ付のAN-8800形が主力で、観光列車「秋田マタギ号」という改造車もある。このほか急行用のAN-8900形、展望構造のAN-2000形なども在籍する。

　車窓では米内沢《よないざわ》～阿仁マタギ間を並行する阿仁川の渓谷が見どころ。この先の線内最長のトンネルである十二段トンネル（5697m）が分水嶺で、戸沢からは桧木内《ひのきない》川の渓谷が蛇行しながら線路に並行する。運行は普通・快速・急行合わせ1～2時間に1本程度で、阿仁合と比立内で折り返す区間列車もある。

　急行料金が必要な急行「もりよし」は全区間通しの1往復と阿仁合～角館間の下り1本を設定。土休日はサロン席のある「笑EMI（えみ）」を連結し、第2・4土曜は観光列車「秋田縄文号」を連結した2両編成で運転される。

　沿線には阿仁前田温泉駅に併設される温泉保養施設「クウィンス森吉」をはじめとする温泉施設も多く、温泉入館割引券と往復割引乗車券がセットになった「湯けむりクーポン」も発売。鷹巣、合川、米内沢、阿仁前田温泉、阿仁合、角館の有人駅では、硬券入場券や記念スタンプが入手できる。

秋田内陸縦貫鉄道では観光列車も保有する。展望室のある「秋田縄文号」、窓側を向いた席がある「笑EMI」、古民家風内装の「秋田マタギ号」を連結した「鉄の3兄弟」。

大又川橋梁で阿仁川を渡る、青色のAN-8800形。笑内～萱草間

陸羽東線

鉄道事業者
JR東日本
路線名
陸羽東線
全区間
小牛田～新庄
非電化区間
小牛田～新庄
使用車両
キハ110系

有名温泉地が連なる湯めぐり路線 山間部の紅葉も見事

陸羽東線は、東北本線の小牛田と奥羽本線（山形線）の新庄とを結ぶ全長94・1kmの地方交通線。陸前国（宮城県）と羽前国（山形県）の横断路線（旧・陸羽線）の東部分であることからこの路線名とされた。江戸時代の俳聖・松尾芭蕉が同線沿線一帯を旅したこと、沿線に温泉地が多いことから、「奥の細道湯けむりライン」の路線愛称を持つ。

沿線の川渡《かわたび》温泉、鳴子御殿湯、鳴子温泉、中山平温泉、赤倉温泉、瀬見温泉の各駅からはいずれも温泉街が徒歩圏内となっている。鳴子温泉～瀬見温泉間は山岳区間が連続、秋は車窓から紅葉が楽しめる景勝区間として人気。山形県側の鵜杉～長沢間では成合淵《なりあいぶち》（小国川）沿いの区間が続き、車内から渓谷美を楽しめる。車両はキハ110系を充当。観光列車「リゾートみのり」が人気だったが、2020（令和2）年8月に引退した。

鳴子温泉からトンネルを抜けると、深さ100mの峡谷に架けられた第一大谷川橋梁を渡る。晩秋には一面の紅葉が車窓に広がる。鳴子温泉～中山平温泉間

2

26 non-electrified railway

陸羽西線

最上川沿いに雪の残る陸羽西線を行く、オリジナル塗色のキハ110系。古口〜高屋間

最上川沿い景勝路線 高規格道路建設のため バス代行輸送中

鉄道事業者
JR東日本
路線名
陸羽西線
全区間
新庄〜余目
非電化区間
新庄〜余目
使用車両
キハ110系

旧・陸羽線の西部分を成すことから陸羽西線と命名された全長43・0㎞の地方交通線。松尾芭蕉の『おくのほそ道』に当地の旅の様子が描かれていること、日本三大急流・最上川付近を走ることから「奥の細道最上川ライン」の路線愛称がある。車窓のハイライトは最上川沿いの区間で、舟下りの拠点・古口付近から清川周辺にかけては最上川に近接、深緑に輝く清流や地域有数の名《めい》瀑《ばく》・白糸の滝を車内から見物できる。清川以西は穀倉地帯・庄内平野を横断、この一帯は冬場には強風が吹き荒れ地吹雪が発生することもある。

2022（令和4）年5月から高規格道路のトンネル建設に伴い運休し、バス代行輸送を実施。かつては同線を標準軌化して山形新幹線を庄内地方に延伸する構想もあったが、事実上立ち消えとなっている。24年の営業再開後は、運休前と同様のダイヤに復する模様。

non-electrified railway 27

由利高原鉄道

車内で サケの遡上が確認できる 鳥海山麓の山村路線

由利高原鉄道は、秋田県南西部の拠点都市・由利本荘市内を縦貫する全長23・0㎞の第三セクター鉄道。国鉄時代は終着駅（矢島《やしま》）の名称から矢島線を名乗っていたが、第三セクター鉄道に転換された際、沿線の名峰・鳥海山から鳥海山ろく線に改称されている。

　羽後本荘〜子吉間では本荘平野を走行、シーズンを通して鳥海山の威容を望むことができる。子吉〜矢島間は子

鉄道事業者
由利高原鉄道

路線名
鳥海山ろく線

全区間
羽後本荘〜矢島

非電化区間
羽後本荘〜矢島

使用車両
YR-2000形、
YR-3000形

カラフルな3両のYR-3000形をすべて連結した「おばこ号」。

鳥海おもちゃ列車「なかよしこよし」はYR-2000形。車内には遊べるスペースがある。前郷

鳥海山を背にしたYR-3000形。赤い塗装パターンの車両は、雪景色に映える夕日をイメージしたデザイン。

吉川に並行、この一帯では秋にはサケの遡上《そじょう》を車内からも確認することができる。さらに沿線の多くの区間で田園と里山が連なっており、日本の原風景とも言うべき光景が楽しめる。また、同線は日本に3路線しか残存していないタブレット閉塞使用路線で、昔懐かしいタブレット交換が車内からも見物できる。

1日13往復の列車が運転されており、金曜と土曜には夜間に1往復が増発される。途中折り返しの設定はない。1日1往復運転の「まごころ列車」では、秋田おばこ姿のアテンダントが車内サービスを実施。「おもてなし列車」として人気を集めている。また、沿線の鳥海山 木のおもちゃ館とコラボした鳥海おもちゃ列車「なかよしこよし」(1日1往復)も家族連れに人気だ。

車両は新潟鐵工所(現・新潟トランシス)製のNDCベースのYR-2000形と、日本車両製のYR-3000形の2形式5両が在籍する。

山形鉄道

花の名所にちなみ路線名はフラワー長井線 うさぎ駅長もっちぃが人気

鉄道事業者
山形鉄道

路線名
フラワー長井線

全区間
赤湯〜荒砥

非電化区間
赤湯〜荒砥

使用車両
YR-880形

山形鉄道は、山形県置賜《おきたま》地方を横断する全線単線の第三セクター鉄道。国鉄時代は途中の駅名にちなんで長井線を名乗っていたが、沿線に花の名所が多いことから第三セクター転換時にフラワー長井線に改称された。沿線で最も高い知名度を誇るのが「長井あやめ公園」で、毎年6月中旬〜7月上旬にかけては紫、青、白、ピンクなどさまざまな色彩の花が咲き誇る。車窓からも公園を一望できるので、初めて同線を訪れる際はこの時期がお勧め。

沿線は米沢都市圏の外縁部にあたり住宅と田園が混在する。羽前成田駅は1922（大正11）年の同駅開業当初に竣工した古風な木造駅舎が残存。四季の郷〜荒砥間の最上川橋梁は明治時代のトラス鋼体を転用した古風な橋梁で、いずれも第一級の鉄道遺産が現役を務めている。

羽前成田〜荒砥間は最上川沿いの肥沃な大地を走行、沿線には区画整理された広大な田園風景が展開する。また、この一帯の車窓からは置賜地方の名峰・白鷹山を望むことができる。同社の本社がある宮内駅では、うさぎの「もっちぃ」が駅長を務め（現在は長期休暇中）、グッズも発売されている。

車両は開業当初から使用されているYR-880形を使用、もっちぃのラッピング車両も在籍する。1日12往復が設定されており、区間列車、快速列車の設定はない。

終点の荒砥と四季の郷の間で、築堤を走り最上川を渡る。春先は築堤の脇で桜が彩り、背後の残雪の山々も清々しい。

2

明治時代に造られたトラス橋を転用した最上川橋梁。気動車がやっと通れる小ささのため、東海道本線から移設された。荒砥〜四季の郷間

スイセンの花に彩られた鮎貝駅付近。路線名に恥じない、花に彩られた沿線である。

紅葉が美しい錦秋湖に架かる第二和賀川橋梁。小型のキハ100形が行く。ほっとゆだ〜ゆだ錦秋湖間

北上線

鉄道事業者
JR東日本
路線名
北上線
全区間
北上〜横手
非電化区間
北上〜横手
使用車両
キハ100形

かつては特急列車の設定もあった東北地方横断路線

北上《きたかみ》線は、岩手県の北上市と秋田県の横手市を結ぶ全長61・1㎞の地方交通線。奥羽山脈を横断することから山間部を走行する区間が長い。車窓のハイライトは和賀仙人〜ほっとゆだ間で見られる錦秋湖《きんしゅうこ》。和賀川を堰《せ》き止めたダム湖だが、名の通り紅葉の名所として人気。この一帯では冬場の降雪期には一転して水墨画の世界が堪能できる。北上〜藤根間では北上市の都市近郊区間、ゆだ高原〜黒沢間で分水嶺を越えると黒沢川・横手川の清流に沿って走る。

列車は全線通しが下り7本、上り6本。快速列車の設定もあるが通過駅は小松川のみ。その他、藤根、ほっとゆだでは折り返し列車の設定もある。車両は大船渡線と共通運用のキハ100形。かつては「あおば」「秋田リレー」など特急の設定もあった。ほっとゆだ駅には温泉入浴施設が併設されており、旅の途中でぜひ立ち寄りたいスポットだ。

non-electrified railway 30

左沢線

村山盆地を横断 果樹園や田んぼの連なる 美しい農村風景が連続

左沢《あてらざわ》線は、山形県の村山盆地を横断する地方交通線。沿線にブドウ、リンゴ、サクランボ、ラフランスなどの果樹園が多いことから、「フルーツライン左沢線」の路線愛称を持つ。起点は北山形だが全列車が奥羽本線（山形線）の山形に乗り入れる。山形都市圏の通勤・通学路線としても機能しており、充当車両のキハ101形は左沢線の専用形式。ラッシュ対策としてオールロングシートを採用する。

車内からは田園風景と蔵王連峰や月山《がっさん》の山並みが楽しめる。さらに羽前長崎付近では最上川の清流、東金井付近では山形市街地の夜景を望むこともできる。羽前長崎～南寒河江《さがえ》間の最上川橋梁は国内最古の橋梁鋼体を用いる鉄道遺産。全区間が単線で羽前山辺、羽前長崎、寒河江、羽前高松の各駅が列車の行き違いに対応、列車の一部は途中駅の寒河江で折り返す。

鉄道事業者
JR東日本
路線名
左沢線
全区間
北山形～左沢
非電化区間
北山形～左沢
使用車両
キハ101形

最上川が大きく蛇行した山上の楯山公園展望台から俯瞰した大江町左沢市街。キハ101形が、写真右奥の先にある終点・左沢駅を目指す。

米坂線

豪雨災害の被災区間でバス代行運転を実施 復旧に向けた協議を継続中

鉄道事業者
JR東日本
路線名
米坂線
全区間
米沢～坂町
非電化区間
米沢～坂町
使用車両
キハ110系、GV-E400系

米坂線は奥羽本線（山形線）の拠点駅・米沢と、羽越本線の坂町とを結ぶ全長90・7kmの地方交通線で、路線名は起点・終点の駅名の頭文字から命名されている。米沢～羽前椿間は米沢盆地を走行、車窓からは朝日連峰と奥羽山脈を望むことができる。羽前椿～越後下関《しもせき》間では朝日連峰を横断、一帯は日本有数の豪雪地帯で線路脇には防雪林が設けられている。山並みが線路に迫る区間が連続するため、路線の立地状況や沿線の地形を知るには運転席後位がお勧め。

2022（令和4）年8月の豪雨災害で被災し、今泉～坂町間ではバス代行輸送を実施中。米沢～今泉間には1日9往復が運転されているが、快速「べにばな」の運転は見合わせられている。車両はキハ110系とGV-E400系だが、現在は前者のみの運行。復旧には5年程度を要するとされ、JR東日本と各自治体で協議が継続されている

雪深い県境地域を行くGV-E400形。現在、この区間は豪雨被害で運休中で、運転再開のめどは立っていない。

2

non-electrified railway 32

只見線

第一只見川橋梁を渡るキハE120形。水面に橋梁と列車が映る。会津桧原〜会津西方間

鉄道事業者
JR東日本
路線名
只見線
全区間
会津若松〜小出
非電化区間
会津若松〜小出
使用車両
キハ110系、キハE120形

春から夏に発生する只見川の川霧は車窓を夢幻の世界に彩る

只見線は、福島県会津地方と新潟県魚沼地方を結ぶ全長135・2kmの地方交通線。沿線の大部分は人口希少な地域で、車窓から大自然が堪能できる秘境路線として人気が高い。会津坂本〜只見間では青緑色に輝く只見川の清流に沿って走行、特に周囲の山並みが一望できる只見川の8つの橋梁一帯は当線屈指の景勝区間である。新潟県側の入広瀬〜小出間では民話「弥《や》三郎《さぶろう》婆《ばさ》」の発祥地である権現堂山、魚沼平野の田園風景が車内から楽しめる。

沿線は日本有数の豪雪地帯としても知られ、冬場には車内から雪見を楽しむのも一興。2011（平成23）年7月の豪雨災害により只見川沿いの区間を中心に甚大な被害が発生し、長らく会津川口〜只見間ではバス代行運転が実施されていたが、22（令和4）年10月に11年ぶりの全線運転再開を果たしている。

磐越東線

阿武隈高地を横断
夏井川沿いの区間では
車内で桜を堪能

鉄道事業者
JR東日本
路線名
磐越東線
全区間
いわき〜郡山
非電化区間
いわき〜郡山
使用車両
キハ110系

福島県浜通りのいわき市と同県中通りの郡山市とを結ぶ全長85・6㎞の地方交通線である磐越東線。路線名は旧磐城国（福島県東部）と越後国（新潟県）を結ぶ磐越線の東部分を成すことにちなむ。沿線に大きな都市はなく、車窓には田園と里山が連なる日本的な農村風景が展開する。

赤井〜船引間では夏井川沿いを走行、特に小川郷〜川前間は夏井川渓谷と称される景勝区間で当線車窓のハイライト。川前〜夏井間の川沿いには桜並木「夏井の千本桜」が続いており、春先には車内からも花見が楽しめる。下り列車の場合は進行方向左側の座席がお勧め。

全区間を通して運転する列車は1日5往復、小野新町〜郡山間の区間列車は下り9本上り10本。このほか、いわき〜小川郷間にも1日2往復が設定される。車両は全区間を通じてキハ110系を充当する。

のどかな田園地帯を行くキハ110系の2両編成。浜通りと中通りを結ぶ路線だが、道路の整備で重要度は減ってきている。

non-electrified railway 34

磐越西線

清流沿いの景勝路線
豪雨災害を克服し
全線で運転再開

磐越西線（郡山〜新津間）のうち、飯豊《いいで》・越後山地を横断する喜多方〜新津間（全長94・4㎞）は非電化である。この区間の沿線には豊かな大自然が展開し、会津若松以西には「森と水とロマンの鉄道」の路線愛称が制定されている。2022（令和4）年8月の豪雨災害により喜多方〜野沢間でバス代行運転が実施されていたが、23（令和5）年4月に復旧を果たしている。

山都〜馬下《まおろし》間では長大河川・阿賀野川に沿う区間が連続、車内からも清流が堪能できる。喜多方〜山都間の「一ノ戸川橋梁」は1910（明治43）年竣工の古い橋梁で、車内から会津盆地が一望できる。喜多方〜新津間を通しで運転される定期列車は6往復。このほかC57形牽引の「SLばんえつ物語」が多客期に運転される。なお、会津若松〜喜多方間は電化区間だが気動車で運行されている。

鉄道事業者
JR東日本
路線名
磐越西線
全区間
郡山〜新津
非電化区間
喜多方〜新津
使用車両
キハ110系、キハE120形、GV-E400系

飯豊連峰を背にしたキハ110形の3両編成。「SLばんえつ物語」が有名だが、気動車の旅も魅力的だ。

会津鉄道

鉄道事業者
会津鉄道

路線名
会津線

全区間
西若松〜会津高原尾瀬口

非電化区間
西若松〜会津田島

使用車両
AT-350形、
AT-500形、
AT-550形、
AT-700形ほか

阿賀川沿い区間が連続する 森と清流の景勝路線

　会津鉄道は国鉄会津線を継承して設立された第三セクター鉄道で、会津地方の中心都市・会津若松と会津地方の南端・南会津町とを結ぶ。起点は西若松だが、全列車がJR只見線経由で会津若松に乗り入れる。会社発足直後の1990（平成2）年10月には会津田島以南が電化され、野岩《やがん》鉄道・東武鉄道を介して首都圏と直結しているが、西若松〜会津田島間の全長42・0㎞は非電化のままとされた。

　路線の大部分は奥羽山脈と越後山脈に挟まれたわずかな平地に敷設されており、線路際まで断崖がそそり立つ。茅葺屋根駅舎の湯野上温泉、若郷湖《わかさとこ》に面した芦ノ牧温泉南、ネコ駅長でおなじみの芦ノ牧温泉の各駅は車内から花見ができるスポットとして人気。西若松〜門田《もんでん》間では春先に線路脇に菜の花が咲き誇り、この一帯の車窓は黄色一色になる。

　運転系統は電化・非電化の境界駅である会津田島で分割されるが、快速「AIZUマウントエクスプレス」（会津若松〜鬼怒川温泉間／1日1往復）など電化区間や、その先の東武鉄道に乗り入れる列車もある。

　多客期に運転される「会津浪漫号」は、トロッコ車（AT-351）とお座敷展望車（AT-401）で構成される観光列車で「お座トロ」の愛称で親しまれている。また、毎月1・11・21日に発売される全線（片道）が乗り放題となる「111スリーワンきっぷ」は乗り鉄ファンにお勧めだ。

阿賀川に架かる全長98mの第五大川橋梁を渡る一般車のAT-650形と快速「AIZUマウントエクスプレス」用で赤い車体色のAT-700形。湯野上温泉〜塔のへつり間

観光列車「お座トロ」は、お座敷展望車とトロッコ車の2両編成。

色とりどりの花々に彩られ、花見スポットとしても人気の湯野上温泉駅を出発。

水郡線

鉄道事業者	JR東日本
路線名	水郡線
全区間	水戸〜安積永盛／上菅谷〜常陸太田
非電化区間	水戸〜安積永盛／上菅谷〜常陸太田
使用車両	キハE130系

北関東と南東北を連絡 久慈川の渓流と 阿武隈の山並みを堪能

水郡《すいぐん》線は水戸〜安積永盛《あさかながもり》（郡山市南郊）間（全長137・5㎞）と上菅谷〜常陸太田間（全長10・5㎞）で構成される地方交通線で、路線名は起点と終点の駅所在自治体名の頭文字から命名された。関東平野北東端部と阿武隈高地・八溝《やみぞ》山地を縦貫しており、区間ごとに異なる多彩な車窓風景が楽しめる。

ハイライトは山方宿〜近津間で、車窓には久慈川沿いの美しい山河風景が展開される。水戸〜常陸青柳間では全国でも珍しい城郭（水戸城）の堀を転用した切り通し区間を走行、こちらも見逃せない車窓風景だ。

全区間を通しで運転される列車は5・5往復と少ないが、水戸都市圏の水戸〜常陸大子・常陸太田間には多数の区間列車が設定される。優等列車や観光列車の設定はなく、キハE130系のみが充当されている。

久慈川を渡るキハE130系の2両編成。車体色は久慈川の流れと山々の緑をイメージしている。下小川〜西金間

chapter

3

関東甲信越の非電化鉄道

non-electrified railway

関東鉄道

長大複線区間を擁する 全国最大規模の非電化私鉄

関東鉄道は茨城県最大の交通事業者で、鉄道路線は常総線（取手〜下館間／全長51・1㎞）と竜ケ崎線（佐貫〜竜ケ崎間／全長4・5㎞）の2路線を営業する。輸送力、車両数とも非電化私鉄のトップクラスに属しており、「全国最大の気動車王国」と称されている。常総線、竜ケ崎線とも車両には通勤輸送に適した3扉のロングシート車を充当。輸送力が大きいことから、車両は片運転台車の比率が高い。

常総線は首都圏北部の通勤路線として機能しているが、茨城県石岡市にある気象庁地磁気観測所への影響を避けるため非電化である。取手〜水海道《みつかいどう》間は非電化私鉄最長の複線区間（17・5㎞）となる。水海道以南ではラッシュ時に1時間あたり5本の高頻度運転を実施、水海道以北は1時間に1〜2本程度の運転本数となる。

常総線の沿線には守谷、常総、下妻、筑西などの都市が連なり、沿線風景の大部分は都市近郊街区と田園が混在。新守谷以北では地域のシンボルである筑波山が一望できるほか、騰波ノ江《とばのえ》付近からは冬場を中心に富士山を望むこともできる。2005（平成17）年のつくばエクスプレス開業後、守谷周辺の沿線の宅地・マンション開発が加速し、車窓風景は一変している。

一方、竜ケ崎線は途中1駅のミニ路線だが、30分ヘッドの運転頻度を確保。沿線地域の都市化が進んでいるが、線路周辺には田園風景も残る。

筑波山を望みながら、関東平野の単線を行く常総線のキハ2400形。写真は昭和40〜60年代の復刻塗装車。

鉄道事業者
関東鉄道

路線名
常総線、竜ケ崎線

全区間
取手〜下館、佐貫〜竜ケ崎

非電化区間
取手〜下館、佐貫〜竜ケ崎

使用車両
キハ2100形、キハ2300形、キハ5000形、キハ2000形ほか

キハ2000形の単行運転が行われる竜ケ崎線。常総線とは元の会社が違い、接続もしない。

常総線は複線区間が存在するうえ、3扉・片運転台の2両編成を導入して通勤・通学輸送に対応している。小絹

鹿島臨海鉄道

鹿島灘沿岸の都市間輸送の担い手 開放感あふれる車窓も魅力

鉄道事業者
鹿島臨海鉄道

路線名
大洗鹿島線

全区間
水戸〜鹿島サッカースタジアム

非電化区間
水戸〜鹿島サッカースタジアム

使用車両
6000形、8000形

3

鹿島臨海鉄道は鹿島臨海工業地帯の貨物輸送の担い手として設立された鉄道会社で、1970（昭和45）年7月に鹿島臨港線（北鹿島〜奥野谷浜間・貨物線）が営業を開始した。1984（昭和59）年3月には国鉄未成線（鉄建公団建設線）の北鹿島線（水戸〜北鹿島間）の同社継承が決定し、翌85年3月に大洗鹿島線として開業した。現在に至るまで全列車が北鹿島から

鹿島臨海鉄道の新しい顔、8000形。車体色も青色とクリーム色のツートンに一新された。

鹿島サッカースタジアム駅で分岐する鹿島臨港線は貨物専用線。KRD形はDD13形に準じた自社発注車で、KRD5号機のみが現役

田園地帯を横切る大洗鹿島線の高架線を、開業時からの顔、6000形が行く。

国鉄（現・JR）鹿島線に乗り入れ、鹿島神宮駅を始発・終点とする。当初、北鹿島は貨物駅だったが、Jリーグ・鹿島アントラーズの本拠地の最寄りにあることから、1994（平成6）年3月に鹿島サッカースタジアムに改称、臨時駅として開設された。

路線の大部分は盛土と切り通しと高架で、車内からの眺望はよい。大洗以北は水戸都市圏南部にあたり都市近郊街区が広がる。また、北浦湖畔周辺では北浦、涸沼《ひぬま》周辺では那珂川水系の汽水湖・涸沼を望むことができる。全区間通しの列車は1日17・5往復。大洗や新鉾田から水戸方面に折り返す列車も多い。長者ヶ浜潮騒はまなす公園前は、南阿蘇鉄道の南阿蘇水の生まれる里白水公園（2023年8月営業再開予定）とともに全国一長い駅名。

旅客列車には開業時から使用されているセミクロスシートの6000形と、2016（平成28）年に登場したロングシートの8000形が在籍する。

non-electrified railway 39

ひたちなか海浜鉄道

たわわに実った田園地帯を走る元三木鉄道のミキ300形。車体色は元の塗色を維持している。中根～金上間

鉄道事業者
ひたちなか海浜鉄道
路線名
湊線
全区間
勝田～阿字ヶ浦
非電化区間
勝田～阿字ヶ浦
使用車両
キハ3710形、ミキ300形ほか

公募社長による経営改善を実現 延伸計画も進行中

ひたちなか海浜鉄道は、茨城県ひたちなか市の勝田（ＪＲ常磐線と接続）と同市海岸沿いの街区・阿字ヶ浦を結ぶ湊線（１４・３㎞）を営業する第三セクター鉄道。車窓の大部分は都市近郊風景となるが、金上《かねあげ》～高田の鉄橋間は線路北側、平磯～磯崎間では線路両側に区画整理がなされた広大な田園風景が広がる。また、殿山～平磯間では一部区間で太平洋を望むことができる。

車両は自社発注車の３７１０形と３７１００形、元三木鉄道のミキ３００形、元ＪＲ東海のキハ11形が主力。このほかキハ20形がイベント時に運転される。

全列車が普通列車。全区間通しの列車は28往復（平日）、このほか勝田～那珂湊間に５往復、那珂湊～阿字ヶ浦間に１・５往復の区間列車の設定もある。同社では阿字ヶ浦～海浜公園西口（仮）間の延伸計画を進めており、２０２４年以降の開業を目指している。

3

non-electrified railway 40

真岡鐵道

鉄道事業者
真岡鐵道
路線名
真岡線
全区間
下館〜茂木
非電化区間
下館〜茂木
使用車両
モオカ14形ほか

三セク鉄道唯一のSL運転を実施 沿線は綿花の産地

真岡鐵道は、1988（昭和63）年4月にJR東日本真岡線（全長41・9㎞）を継承して設立された第三セクター鉄道。国鉄・JR時代は「もうか」線と称されていたが、三セク転換時に自治体名に合わせて「もおか」線となった。沿線が綿花の産地なので「コットン・ウェイ」の路線愛称がある。1994（平成6）年3月に運転開始されたC12形66号機牽引の「SLもおか」は看板列車。

沿線の大部分は都市近郊街区と農村が混在するが、八溝山地に分け入る市塙《いちはな》〜茂木《もてぎ》間は山がちの風景が展開する。益子周辺ではイチゴ栽培が盛んで、車内からもビニールハウス群を望める。真岡駅に併設される「SLキューロク館」では、蒸気機関車の9600形、D51形のほか、客車、貨車、車掌車を展示する。全区間通しの列車は下り21本、上り19本。このほかに下館〜真岡間、真岡〜茂木間の区間列車の設定もある。

桜と菜の花に彩られた築堤を、単行のモオカ14形が行く。北真岡〜西田井間

小湊鐵道

キハ40形の入線により印象が一変。観光トロッコも人気の都市近郊鉄道

鉄道事業者
小湊鐵道

路線名
小湊線

全区間
五井〜上総中野

非電化区間
五井〜上総中野

使用車両
キハ200形、キハ40形ほか

小湊鐵道は千葉県の非電化私鉄で、五井〜上総《かずさ》中野間39・1kmを約1時間半で結んでおり、終点の上総中野ではいすみ鉄道線と接続する。沿線には古い鉄道施設が多数残存しており、開業時の木造駅舎など合計22施設が国の登録有形文化財に登録。車窓からも鉄道遺産巡りの旅が楽しめる。

主力形式は1961（昭和36）年から77（昭和52）年にかけて製造された

満開の桜と菜の花の中を進む「里山トロッコ」。蒸気機関車の形をしたディーゼル機関車である。飯給

キハ40形は、キハ200形との併結運転も行われている。東北地域色のキハ40形が養老川を渡る。上総山田〜光風台間

60年以上にわたり、小湊鐵道で活躍を続けるキハ200形。昔ながらの気動車の乗り心地と、四季を彩る車窓が楽しめる。上総大久保〜養老渓谷間

キハ200形だが、2020（令和3）年から翌21年にJR東日本からキハ40形5両を譲受し、キハ200形の一部車両を置き換えている。キハ40形の塗色は4種あり、首都圏色（朱色単色）が2両、小湊鐵道色、旧・只見線色（東北地域色）、旧・五能線色が各1両とバラエティーに富む。

五井〜上総牛久間は通勤・通学路線として機能しており、ラッシュ時には1時間に2〜3本の頻度で運行している。上総牛久以南は1時間に1本程度の間隔となるローカル区間で、車窓からは田園と里山の風景を楽しめる。春には菜の花が沿線各地で咲き誇り、列車行き違い駅の里見では車内から桜と菜の花が同時に楽しめる。

2015（平成27）年に運転開始した「里山トロッコ」は週末を中心に設定。開業当初の蒸気機関車を模したディーゼル機関車DB4形が、4両のトロッコ客車を牽引。最後尾の車両は制御客車（運転台設置）となる。

いすみ鉄道

国鉄キハ52形は同社の看板車両。車窓から楽しめる菜の花は春の風物詩

鉄道事業者
いすみ鉄道

路線名
いすみ線

全区間
大原〜上総中野

非電化区間
大原〜上総中野

使用車両
いすみ200型、いすみ350型、キハ52形ほか

いすみ鉄道は、ＪＲ木原線（全長26・8㎞）を継承して設立された第三セクター鉄道で、１９８８（昭和63）年3月に営業を開始、同時に路線名をいすみ線とした。大原ではＪＲ外房線と、上総中野では小湊鐵道と接続する。

車両はセミクロスシートのいすみ300型とオールロングシートのいすみ350型が主力。このほか、２０１０（平成22）年にＪＲ西日本から譲受した国鉄型気動車キハ52形は観光誘客の目玉である。同じくＪＲ西日本から譲受したキハ28形と2両編成で運用されていたが、こちらは車両の老朽化により23（令和5）年2月に惜しまれつつ引退。キハ28形を充当したレストラン列車についても、22（令和4）年9月までに設定終了となった。

沿線は房総丘陵を横断する立地で、車窓には田園と里山の風景が広がる。春先には沿線各地で菜の花が咲き誇り、桜とのコラボレーションを楽しめる区間も多数存在する。全区間が単線で上総東、国吉、大多喜の各駅が列車の行き違いに対応、おおむね1時間に1本の列車が設定されている。国吉では地元有志の「いすみ鉄道応援団」による駅弁「いすみのたこめし」の立ち売りが季節限定で実施される。上総中川最寄りの「ポッポの丘」は、全国有数の規模を誇る鉄道車両保存施設で、いずみ鉄道のいすみ２００形をはじめとする貴重な車両が多数保存・公開されている。

春の美しい風景と、国鉄時代の車両で人気のいすみ鉄道。写真のキハ20 1303は、最新の軽快気動車に国鉄キハ20形を模した前面と塗装を施した車両。新田野〜上総東間

日本一有名!? な第四種踏切、第二五之町踏切。車両は主力のいすみ300形。上総中川〜国吉間

いすみ鉄道の知名度を一気に高めた、国鉄型気動車のキハ52 125。キハ28形が引退し、現在は1両で運行される。上総中川〜国吉

non-electrified railway 43

わたらせ渓谷鐵道

鉄道事業者
わたらせ渓谷鐵道
路線名
わたらせ渓谷線
全区間
桐生〜間藤
非電化区間
下新田信号場〜間藤
使用車両
わ89-310形、
WKT-500形ほか

足尾銅山の鉱石輸送を担った足尾線を継承トロッコ列車が人気

わたらせ渓谷鐵道は、群馬県桐生市と栃木県日光市（旧・足尾町）とを結ぶ全長44・1㎞の第三セクター鉄道で、1989（平成元）年3月にJR足尾線を継承して営業を開始した。桐生〜下新田信号場間（1・9㎞）はJR両毛線と線路を共用し、架線下DCとなる。関東平野の北端部に位置する桐生〜大間々《おおまま》間は都市型街区を走行するが、大間々以北は足尾山地へ分け入るように線路が敷設され、山岳区間が連続する。大間々以北の大部分の区間で渡良瀬川と並走、関東地方有数の景勝区間となる。

全区間通しの列車は1日10・5往復、桐生〜大間々間に下り7本・上り8本、足尾〜間藤間に1・5往復の区間列車もある。観光列車の「トロッコわたらせ渓谷号」（大間々〜足尾間）はDE10形＋わ99形客車、「トロッコわっしー号」（桐生〜間藤間）はWKT-550形気動車で運転される。

社名の由来でもある渡良瀬川沿いに走るWKT-500形。沢入〜原向間は、特に花崗岩の景観が美しい。

八高線

non-electrified railway 44

関東山地を仰ぎ見る田園風景と郊外都市が連なる非電化区間

八高《はちこう》線は多摩地区最大の都市・八王子と群馬県の倉賀野（高崎市）を結ぶ全長92・0kmの地方交通線で、路線名は八王子と高崎の頭文字を組み合わせた。かつては全区間で通しの列車も多数運転されていたが、1996（平成8）年3月に八王子〜高麗川《こまがわ》間が電化されると、高麗川以南は川越線川越〜高麗川間と一体化され、非電化の高麗川以北とは事実上別路線となった。

非電化区間は関東平野西端部を走行、関東山地の山並みを間近に見ることができる。沿線には人口1〜5万人規模の自治体が続き、車窓には都市近郊型街区と田園風景が混在した光景が続く。群馬藤岡には1931（昭和6）年竣工の洋風木造駅舎が残り、車内からも見ることができる。車両はキハ110系（2〜3両）を充当、全列車が高崎線高崎駅を始発・終着とする。児玉〜高崎間、高麗川〜小川町間には区間列車の設定もある。

鉄道事業者
JR東日本
路線名
八高線
全区間
八王子～倉賀野
非電化区間
高麗川～倉賀野
使用車両
キハ110系

個性的な駅舎の明覚駅に停車するキハ110系。JR東日本では新しい気動車の投入が進むが、八高線はすべてキハ110系で運行されている。

烏山線

鉄道事業者
JR東日本
路線名
烏山線
全区間
宝積寺〜烏山
非電化区間
宝積寺〜烏山
使用車両
EV-E301系

蓄電池電車で楽しむ七福神巡りの旅 連なる里山も魅力的

烏山《からすやま》線は、東北本線（宇都宮線）宝積寺《ほうしゃくじ》と栃木県東部の拠点都市・那須烏山の代表駅・烏山を結ぶ全長20・4㎞の地方交通線。車窓風景は農村・里山風景が連続するが、仁井田、大金《おおがね》の両駅周辺は区画整理された街区が広がる。車窓のハイライトは滝駅の直下にある「竜門の滝」で、那珂川支流・江川の清冽《せいれつ》な流れが望める。宝積寺を除く7駅には七福神のキャラクターを設定、「七福神の駅」として観光誘客が図られている。駅名標にも各駅のキャラクターが描かれ車内からも「七福神めぐり」が楽しめる。

車両は2017（平成29）年3月に蓄電池式電車のEV‐E301系に統一されており、非電化区間ながらも電車運転が行われている（烏山駅の一部構内は電化）。運転本数は13・5往復で、うち3往復が線内折り返し、残りの列車は宇都宮を始発・終着とする。国鉄時代には快速が設定されたこともある。

EV-E301系は烏山線内ではパンタグラフを下げ、蓄電池の電気で走行する。大金付近

non-electrified railway 46

久留里線

冬場の上総清川駅付近では、遠くに富士山を望むことができる。

房総丘陵に分け入る ロングシートの 都市近郊ローカル線

鉄道事業者
JR東日本
路線名
久留里線
全区間
木更津〜上総亀山
非電化区間
木更津〜上総亀山
使用車両
キハE130系

久留里線は、千葉県房総半島の中部を走る全長32・2㎞の地方交通線。木更津近郊区間を中心に通勤・通学路線として機能し、充当車両のキハＥ１３０形はラッシュ時の対応を目的にオールロングシートとされた。車窓は木更津〜久留里間は首都圏の外縁部にあたり、都市近郊の街区と田園風景が混在。冬場にはこの付近から富士山が見えることもある。久留里から先は房総丘陵を越える区間が連続。戦国大名・里見氏本拠の久留里城模擬天守が車内からも確認できる。上総亀山の手前には小櫃《おびつ》川の渓谷が迫る。

全区間が単線で、横田、久留里の両駅が列車の行き違いに対応。全列車が普通列車で、木更津〜久留里間には1日17往復が設定される。閑散区間となる久留里〜上総亀山間も朝夕中心に1日8・5往復運転されるが、ＪＲ東日本は鉄道による営業継続は困難との見解を示しており、予断を許さない。

小海線

全国最高所を走行 高原列車として 高い人気を誇る

山梨県北杜《ほくと》市の小淵沢と長野県東信地方の小諸市とを結ぶ全78・9㎞の地方交通線で「八ヶ岳高原線」の路線愛称を持つ。標高1345mの野辺山駅ホームにはJR最高地点の駅であることを示す標柱が立つ。また、清里〜野辺山間の線路脇にはJRグループの最高標高地点（1375m）もあり、こちらも車内から確認できる。野辺山〜佐久海ノ口間一帯は高原野菜の産地として知られ、車窓にも畑地が連続。佐久海ノ口〜羽黒下間では千曲川沿いの区間が連続、狭隘《きょうあい》な山峡と清流が織りなす美しい風景が堪能できる。北陸新幹線と接続する佐久平駅周辺では高層建築が並ぶ市街地を走行する。

　小淵沢〜野辺山間、中込〜小諸間の区間列車の設定が多く、全区間を通しで運転する列車は1日8往復のみ。このほか臨時快速「HIGHRAIL」（小淵沢〜小諸間）や「八ヶ岳高原列車」が不定期に運転される。

鉄道事業者
JR東日本
路線名
小海線
全区間
小淵沢〜小諸
非電化区間
小淵沢〜小諸
使用車両
キハ110系、キハE200形

紅葉の野辺山高原を行く、ハイブリッド気動車キハE200形。

non-electrified railway 48

飯山線

世界有数の豪雪地帯を行く
千曲川の清流も堪能

飯山線は、長野市北郊の豊野と新潟県長岡市南郊の越後川口を結ぶ全長96・7㎞の地方交通線。戸狩野沢温泉～越後川口間では千曲川（信濃川）と並走、日本最長の大河の悠久の流れを車内から堪能できる。沿線は日本有数の豪雪地帯で、車内から雪見を楽しめる路線としても人気が高い。無人駅の大部分は統一規格の三角屋根・木造モルタル建築となったが、駅ごとにカラーリングが異なり見た目にも楽しい。

全区間通しの列車は下り4本のみで、多くの列車は戸狩野沢温泉、森宮野原、十日町の各駅で折り返す。豊野を始発・終着駅とする列車は設定されず、全列車がしなの鉄道北しなの線を走り長野に乗り入れる。車両はキハ110系を充当、2015（平成27）年4月にはキハ110形改造による観光列車「おいこっと」（臨時快速／長野～十日町間）が運転を開始、同線の活性化に寄与している。

鉄道事業者
JR東日本
路線名
飯山線
全区間
豊野～越後川口
非電化区間
豊野～越後川口
使用車両
キハ110系

深緑に覆われた千曲川に沿って越後川口を目指すキハ110形。森宮野原～横倉間

大糸線

鉄道事業者
JR西日本
路線名
大糸線
全区間
松本～糸魚川
非電化区間
南小谷～糸魚川
使用車両
キハ120形

山岳風景が連なるJR西日本の最東端区間

大糸線は、長野県中信地方の拠点都市・松本と新潟県西部の中心都市・糸魚川を結ぶ全長105・4㎞の地方交通線。南小谷《みなみおたり》以南の電化区間はJR東日本、同駅以北の非電化区間（全長35・3㎞）はJR西日本の管轄となる。路線名は国によって整備・建設された信濃大町～糸魚川間の両端の駅名から採られた。JR発足以降、非電化区間と電化区間の直通列車は段階的に削減され、現在は南小谷を境に実質的には別路線として機能している。

非電化区間は大部分で姫川と並行、車内からも清冽な流れを存分に堪能できる。土砂災害のリスクを回避するため、非電化区間の速度は抑制され、表定速度は時速35㎞程度。全区間を通して運転されるのは1日7往復、糸魚川～平岩間には1日2往復が設定される。車両は2010（平成22）年3月にキハ120形が入線、キハ52形を置き換えた。

姫川を渡る大糸線のキハ120形。非電化区間の大糸線では、姫川と付かず離れずの旅が楽しめる。小滝～根知間

3

chapter

4

中部・北陸の非電化鉄道

non-electrified railway

のと鉄道

能登湾沿いの内海風景と のどかな里山風景が連続

鉄道事業者
のと鉄道

路線名
七尾線

全区間
七尾～穴水

非電化区間
和倉温泉～穴水

使用車両
NT200形、
NT300形

のと鉄道は、和倉温泉～穴水間で営業する第三セクター鉄道で、路線名は七尾線（全長28・0㎞）。JR西日本が所有する線路施設を借り受けて営業する第二種鉄道事業者である。かつては穴水～蛸島《たこじま》（能登線）と七尾～輪島間（七尾線）に合計100㎞以上の営業路線を有していた。

電化区間の七尾～和倉温泉間はJR西日本との共用区間に位置付けられて

能登鹿島駅は駅の両側にたくさんの桜が植えられ、「能登さくら駅」とも呼ばれている。

行き違い設備のある西岸駅に入線するNT200形。本形式がのと鉄道の輸送を担う。

富山湾沿いを走るのと鉄道。写真の左側2両は観光列車「のと里山里海号」。さらに一般車を連結した3両編成。能登鹿島〜穴水間

おり、JRの特急列車も乗り入れる。のと鉄道の車両を充当する列車は、すべて七尾〜穴水間で運転。列車は1日17往復が設定される。全線単線だが、笠師保以外の各駅には列車の行き違い設備がある。

車両はセミクロスシート・トイレ付きのNT200形を充当。2015(平成27)年に登場した観光列車「のと里山里海号」のNT300形は、第三セクター鉄道の観光列車では珍しい新製車。「スイーツプラン」か「寿司御膳プラン」(予約制)は「里山」車両で提供。乗車のみ(乗車券+乗車整理券500円)の場合は「里海」車両を利用する。乗車時は海の見える進行方向右手の席を確保したい(下り列車の場合)。

田鶴浜辺りから能登湾の内海が広がり、西岸を過ぎると海が近くなる。能登中島では国鉄郵便車オユ10形を静態保存。能登鹿島は、春先には桜の名所としても人気だ。

氷見線

鉄道事業者
JR西日本
路線名
氷見線
全区間
高岡〜氷見
非電化区間
高岡〜氷見
使用車両
キハ40形、キハ47形

名勝雨晴海岸と立山連峰を一望
北陸有数の景勝路線

氷見《ひみ》線は、富山県高岡市と県北西部の氷見市を結ぶ全長16・5㎞の地方交通線。全列車に国鉄型気動車のキハ40形・キハ47形が充当され、1〜4両で運用される。氷見市出身の漫画家・藤子不二雄Ⓐ氏の漫画「忍者ハットリくん」のキャラクターをラッピングした「忍者ハットリくん列車」も定期列車に充当される。2015（平成27）年に登場した観光列車「ベル・モンターニュ・エ・メール」（愛称「べるもんた」）は氷見線〜城《じょう》端《はな》線を回遊、寿司職人が車内で握る「ぷち富山湾鮨《すし》セット」（予約制）は車窓風景を肴《さかな》に味わえる本格寿司として好評。

車窓のハイライトは越中国分〜雨晴《あまはらし》間の雨晴海岸。晴れた日には富山湾越しに立山連峰を眺めることができ、名勝・女岩《めいわ》付近の海岸も車内から堪能できる。能町ではJR貨物新湊線が分岐しており、高岡〜能町間にはコンテナ列車の設定もある。

雨晴海岸の美しい海岸沿いを行く、キハ40形の普通列車。海に見えるのが女岩。越中国分〜雨晴間

4

non-electrified railway 52

城端線

砺波平野の田園と立山連峰を望むキハ40系が健在

城端線は、高岡と砺波《となみ》平野南部の城端とを結ぶ全長29・9kmの地方交通線。2015（平成27）年3月の北陸新幹線開業で、接続する新高岡駅が新設された。観光列車「ベル・モンターニュ・エ・メール」（愛称「べるもんた」）は、土曜は城端線内を運行。日曜は砺波・新高岡から氷見線との直通運転を行うが、その際に通常は旅客列車が設定されない高岡駅構内の渡り線を走行することから愛好家の注目度も高い列車だ。

車窓からは砺波平野の田園風景が広がるほか、屋敷森に囲まれた孤立民家が点在する特有の散居村が見られる。春先の砺波のチューリップをはじめ四季折々の花が楽しめる。呉《くれ》羽《は》丘陵や立山連峰が望める区間も多い。車両は氷見線と共通運用でキハ40形、キハ47形を充当。毎時1～2本の運転で、線内折り返し列車は設定されない。平日は上り2本があいの風富山鉄道線の富山に乗り入れる。

鉄道事業者
JR西日本
路線名
城端線
全区間
高岡～城端
非電化区間
高岡～城端
使用車両
キハ40形、キハ47形

城端線のキハ47形。高岡から内陸側を走るため、車窓には立山連峰をはじめ、山の景色が楽しめる。

高山本線

東海と北陸を結ぶ大動脈 車窓に渓谷が連続する景勝路線

飛騨川沿いを走る特急「ひだ」。新たに投入されたHC85系はハイブリッド車で、2023年3月に統一された。焼石〜下呂間

高山本線は、岐阜と富山とを岐阜県飛騨地方経由で結ぶ全長225・8㎞の長大路線。本線を名乗るが分類は地方交通線である。1980（昭和55）年に岐阜〜高山間で電化工事が起工されたが、国鉄財政の悪化を受け計画は中止。現在に至るまで全線が非電化である。その後、国鉄分割民営化により岐阜〜猪谷《いのたに》間はJR東海、猪谷〜富山間はJR西日本の所属となった。

車窓は鵜沼〜坂祝《さかほぎ》間で木曽川、古井《こび》〜久々野間で支流の飛騨川に並行し、日本ラインや飛水峡、藤倉峡、中山七里など飛騨木曽川国定公園の景勝地を堪能できる。久々野〜飛騨一ノ宮間の宮トンネル（2080m）が分水嶺で、これ以降は宮川・神通川が流れの向きを変えて並行。あじめ峡、宮川峡、神通峡などの景勝地が続く。

観光需要の高い路線で、特急「ひだ」が1日10往復設定（定期）。東海地方と富山を直通する。充当車両のHC85系（量産車）は2022（令和4）年7月に運転開始したハイブリッド気動車。普通列車はJR東海区間はキハ25形とキハ75形が、JR西日本区間ではキハ120形が充当される。

岐阜〜美濃太田間は岐阜都市圏にあたり1時間2〜4本と運転本数が多い。富山県内では越中八尾《えっちゅうやつお》〜富山間は1時間2本あるが、県をまたぐ坂上〜猪谷間の普通列車は1日8往復、日中には4時間ほど列車がない時間帯がある。

鉄道事業者
JR東海・JR西日本

路線名
高山本線

全区間
岐阜〜富山

非電化区間
岐阜〜富山

使用車両
キハ25形、HC85系、キハ120形ほか

沿線の富山に近いエリアは工場が多く、井田川を渡る列車の背後には煙突やパイプラインが見える。千里～速星間

岐阜～猪谷間の普通列車は、313系電車と同じ外観のキハ25形（写真）とキハ75形が使用されている。飛騨一ノ宮～久々野間

non-electrified railway 54

太多線

広大な木曽川を渡るキハ75形の普通列車。木曽川橋梁は、写真に写っているガーダー橋とトラス橋で構成されている。可児～美濃川合間

鉄道事業者
JR東海
路線名
太多線
全区間
多治見～美濃太田
非電化区間
多治見～美濃太田
使用車両
キハ25形、キハ75形

車窓風景も楽しい岐阜県東南部の都市近郊路線

太多《たいた》線は中央本線の多治見と高山本線の美濃太田とを結ぶ全長17・8㎞の地方交通線。路線名は起点と終点の駅名（美濃太田・多治見）から採られた。名古屋都市圏の外郭環状線の役割を担い、高山本線の岐阜への直通列車も多数設定されている。車両にはキハ25形・キハ75形が充当される。

沿線は昭和50年代以降宅地化が進んでいるものの、一部にはのどかな田園風景も残る。根本～姫間では最大20‰の勾配がある牧峠を越え、山岳区間の趣。可児～美濃川合間には車窓風景のハイライト・木曽川橋梁を渡る。この一帯の木曽川は今渡《いまわたり》ダムの上流に位置しており、水位が高いので湖面の上を走るような感覚を味わえる。列車は毎時1～2本運行され、朝夕は毎時3～4本と増え、車両も2両から3～4両に増える。全線単線のため、列車行き違いは設備のある小泉、姫、可児の各駅で行われる。

non-electrified railway 55

越美北線

嶺北地方の田園地帯と足羽川上流の渓谷を単行列車で楽しむ

越《えつ》美《み》北《ほく》線は、福井市南郊の越前《えちぜん》花堂《はなんどう》（北陸本線）と福井県嶺北《れいほく》地方東部の九頭竜湖《くずりゅうこ》（大野市）とを結ぶ全長52・5㎞の地方交通線で、「九頭竜線」の路線愛称が制定されている。かつては、美濃太田〜越前花堂間の亜幹線「越美線」の北側区間に位置付けられていたが、九頭竜湖〜越美南線（現・長良川鉄道）北濃間は着工に至らず未成線に終わった。

沿線の見どころは越前東郷から線路に並行する足羽《あすわ》川の渓谷で、越前東郷〜美山間では7回にわたって足羽川を越える。勝原《かどはら》以南の開業は1972（昭和47）年と比較的新しく、勝原以北とは施設や駅の趣が異なる。

列車はすべて福井まで乗り入れ、福井〜越前大野間が1日7・5往復、越前大野〜九頭竜湖間が1日4・5往復の運転。越前大野〜九頭竜湖間にはJR西日本で唯一となったスタフ閉塞が健在だ。

鉄道事業者
JR西日本
路線名
越美北線
全区間
越前花堂〜九頭竜湖
非電化区間
越前花堂〜九頭竜湖
使用車両
キハ120形

第二九頭竜川橋梁を渡るキハ120形。多くの車両に沿線自治体のラッピングが施されている。勝原〜柿ケ島間

non-electrified railway 56

長良川鉄道

鉄道事業者
長良川鉄道

路線名
越美南線

全区間
美濃太田〜北濃

非電化区間
美濃太田〜北濃

使用車両
ナガラ300形、
ナガラ500形、
ナガラ600形

鉄道旅行の魅力が凝縮した長良川沿いの絶景路線

長良川鉄道は高山本線の美濃太田（岐阜県美濃太田市）と北濃（同県郡《ぐ》上《じょう》市）とを結ぶ第三セクター鉄道で、中濃・奥美濃地方を縦断する。路線名称は越美南線だが、地元では会社愛称である「ながてつ」と称されるのが一般的。梅山以北では日本有数の清流・長良川に並行する区間が連続し、車窓からも美しい流れを堪能できる。また、沿線有数の観光地・郡上八幡一帯では

4

情緒ある街並みや山上の城郭・郡上八幡城の模擬天守を車窓からも楽しめる。郡上八幡以北は奥美濃の河岸段丘に連なる田園風景が続く。

車両はナガラ300形、ナガラ500形、国鉄型気動車をモチーフに内外装をデザインしたナガラ600形の3形式。定期列車は都市近郊区間の美濃太田～美濃市間では1時間1～2本程度が確保されているが、北進するに従って本数が減少、希少なスタフ閉塞が残る末端の美濃白鳥《しろとり》～北濃間では8往復のみとなる。

同社は観光列車の運転にも熱心で、2014（平成26）年に絶景区間を徐行運転する「ゆら～り眺めて清流列車」の運転を開始した。17（平成29）年4月にはナガラ300形を改造し、食事やスイーツを提供する観光列車「ながら」が土休日を中心に運転開始。ランチプラン、スイーツプラン（いずれも要予約）、ビュープラン（乗車整理券のみ）の3プランが設定される。

かつて名古屋～北濃間で運転されていた急行「おくみの」をイメージし、キハ58系のような車体色をまとうナガラ600形。福野～美並苅安間

長良川の清流に沿って進むナガラ300形の観光列車「ながら」。美しい景色を堪能しながら食事を楽しめる。福野～美並苅安間

郡上八幡駅に停車するナガラ300形。「郡上おどり」で知られる街で、駅ホームに提灯が並ぶ。

樽見鉄道

岐阜県西濃地方を縦貫 観光にも注力する三セク鉄道

鉄道事業者
樽見鉄道

路線名
樽見線

全区間
大垣〜樽見

非電化区間
大垣〜樽見

使用車両
ハイモ295-310形、
ハイモ295-510形、
ハイモ295-610形ほか

樽見鉄道は、東海道本線の大垣と、岐阜県本巣市北部の拠点・樽見とを結ぶ第三セクター鉄道。車窓風景はバラエティーに富み、大垣〜東大垣間ではJR東海道本線と並走、東大垣〜横屋間は伊勢湾へ流れる大河・揖斐《いび》川越えの区間となる。横屋〜織部間は濃尾平野の北西端の都市近郊街区と田園が混在する一帯を走行するが、織部以北は風景が一変。根尾川沿いの区間が連続し、車窓からも渓流美が堪能できる。谷汲口周辺では線路沿いに桜並木があり、春先には車内から花見が楽しめる。

同社ではシーズンごとに異なる趣向の観光列車を運転し、例年5〜11月（7〜8月は除く）には薬草弁当と入浴券がセットになった「薬草列車」、12〜3月の木曜日には車内で牡丹鍋が楽しめる「しし鍋列車」、2〜3月には「たにぐみ盆梅展列車」が設定される。2017（平成29）年には予約不要の観光列車「ねおがわ」も登場。根尾川橋梁をはじめ10カ所の景勝区間では徐行運転が行われる。

樽見駅近くにある樹齢1500年の「薄墨桜」の開花時期には臨時列車も運転される。

車両は旧・三木鉄道のハイモ295-610形のみセミクロスシート、それ以外の車両はオールロングシートである。定期列車の運転は1時間1〜2本程度だが、約4割は本巣までの区間運転。このほか、大垣〜神海《こうみ》間にも下り3本・上り1本が設定される。

桜で有名な駅のひとつ、木知原（こちぼら）駅に入線するハイモ330-700形。

橋梁とトンネルに挟まれた日当（ひなた）駅も桜の駅として有名。

第一根尾川橋梁のトラス橋部分は、東海道本線に明治時代に架橋された木曽川橋梁を転用したもの。木知原～谷汲口間

non-electrified railway 58

大井川鐵道

鉄道事業者
大井川鐵道
路線名
井川線
全区間
千頭～井川
非電化区間
千頭～アプトいちしろ、
長島ダム～井川
使用車両
DD20形、クハ600形

山間部区間が連続 国内でも希少な 軽便規格の路線

井川《いかわ》線は大井川源流の電力開発を目的に敷設された路線で、開業当時は中部電力の専用線だったが、1959（昭和34）年8月に大井川鐵道に移管された。全長は25・5㎞で、全区間が大井川源流に面した山間部を走行する。全国でも珍しい軽便規格の路線で、全幅1850㎜、全高2700㎜以下の小ぶりの車両が使用される。

長島ダムの供用開始に伴い、1990（平成2）年10月に川根市代～接阻峡《せっそきょう》温泉間の新線付け替えを実施。アプトいちしろ（旧・川根市代）～長島ダム間は直流電化された。

沿線は人口希少な地域で利用者の大部分は観光客。そのため全区間を通して運転される列車は1日2往復、千頭～接阻峡温泉間の区間列車が1日3往復設定される。新線付け替えと同時に開業した奥大井湖上は、水面の上に浮かぶ天空の駅のようなロケーション。尾盛、閑蔵《かんぞう》の両駅は秘境駅として人気が高い。

奥大井湖上駅を発車する井川線の列車。DD20形を千頭方に連結、下り列車は推進運転となり制御客車クハ600形で運転操作が行われる。

non-electrified railway 59

東海交通事業

高速道路に隣接する名古屋都市圏北郊の非電化路線

中央本線の勝川と東海道本線の枇杷島を結ぶ城北線は、ＪＲ東海の子会社・東海交通事業が運営する。国鉄瀬戸線として建設が開始された経緯から、高規格な線路施設を有する。人口約６８０万人の名古屋都市圏で営業する路線ながらも、沿線は市街地外縁部にあたるため列車は日中1時間ごと、朝夕20分ごと（土休日は40分ごと）。車両はＪＲ東海から購入したキハ11形３００番代を充当、通常1両で運用される。

大部分の区間が高架線で架線柱もないため、線内の眺望は良好。名古屋城や名駅・栄周辺の高層ビル群も望むことができる。味美《あじよし》〜比良間では名古屋高速1号と11号の交点に設置された「楠ジャンクション」の道路高架橋の間を縫うように走行、全国でも珍しい道路施設内の眺望が楽しめる。毎年元日には、車内から初日の出を眺めるユニークな趣向の「城北線　初日の出号」が運転される。

鉄道事業者
東海交通事業
路線名
城北線
全区間
勝川〜枇杷島
非電化区間
勝川〜枇杷島
使用車両
キハ11形300番代

東海交通事業城北線は、気動車が都会の高架線を走る、不思議議な光景を楽しめる。尾張星の宮

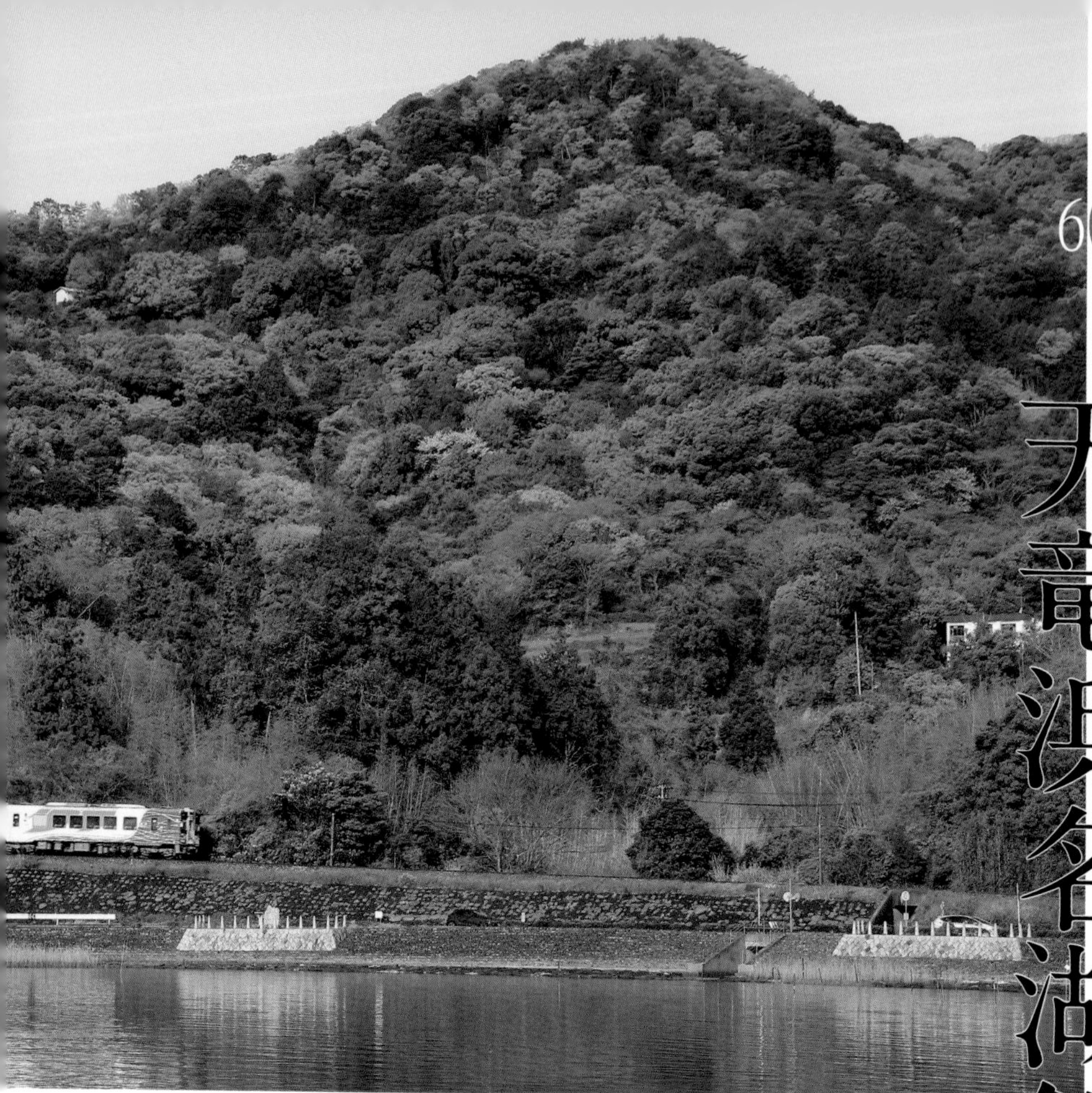

天竜浜名湖鉄道

バラエティーに富む景観が魅力 国鉄時代の遺構も多数残存

鉄道事業者
天竜浜名湖鉄道

路線名
天竜浜名湖線

全区間
掛川〜新所原

非電化区間
掛川〜新所原

使用車両
TH2100形、TH9200形

天竜浜名湖鉄道はJR東海道本線の掛川と新所原《しんじょはら》とを浜名湖北側のルートで結ぶ路線を運営し、東海道本線のバイパス線として開業した。国鉄時代は二俣《ふたまた》線を名乗っていたが、第三セクター転換時に天竜浜名湖線に改称された。沿線は都市近郊の街並み、田園、山林、里山が混在しており、車窓風景も目まぐるしく展開する。西気賀《にしきが》〜知波田《ちばた》間では浜名湖と猪鼻湖に沿った区間

内陸側の茶畑の中を走り抜けるTH2100形。
天竜浜名湖鉄道の主力車両だ。

天竜二俣駅に併設する車両基地は、転車台、扇形車庫、事務室、浴場、休憩所といった中小規模の機関区設備が揃う。登録有形文化財だが、今も現役で使用する。

天竜浜名湖鉄道の社名の通り、浜名湖の湖畔を行く団体対応車両のTH9200形。西気賀～寸座間

が連続、途中の浜名湖佐久米はユリカモメが飛来する駅として知られ、車窓からもその様子を観察できる。三ケ日周辺は日本有数のミカン産地で、晩秋から初冬にかけては車窓から橙色と緑色のコントラストが美しい。このほか遠州森周辺の車窓からは、藩政期宿場町の面影が残る街並みが望める。

同社には国鉄時代の鉄道遺構が数多く残されており、天竜二俣駅には戦前の乗務員詰所、職員用施設、扇形車庫、給水塔などが健在。一部駅の縦型駅名標には国鉄後期に首都圏、北海道、静岡地区で使用されていた紺色地・文字白抜きのタイプのものが用いられておりオールドファンの旅情をそそる。

車両は新潟鉄工所（現・新潟トランシス）製のNDCベースのTH2100形とTH9200形。全区間通しの列車が主体だが、金指《かなさし》、西鹿島、天竜二俣、遠州森で折り返す列車の設定もある。普通列車のみだが、繁忙期には区間快速が運転されることもある。

明知鉄道

鉄道事業者	明知鉄道
路線名	明知線
全区間	恵那～明智
非電化区間	恵那～明智
使用車両	アケチ10形、アケチ100形

グルメトレイン運転などの積極施策で沿線活性化を実現

恵那市山岡町の夏の風物詩、田んぼアートの脇を駆け抜ける明知鉄道アケチ100形。山岡～野志間

明知鉄道は、国鉄明知線を継承して1985（昭和60）年5月に設立された第三セクター鉄道で、路線名は国鉄時代と同様、明知線を名乗る（全長25・1㎞）。沿線には里山と農村風景が連なり、大都市名古屋近郊のローカル線として週末には散策に訪れる観光客も多い。

山間部の区間では急勾配が連続、山間部にある飯沼（33‰）、野志（30‰）の両駅は全国有数の急傾斜駅となっている。途中駅の岩村周辺から一望できる城山は、日本三大山城の一つと称される岩村城の跡だ。

終点・明智の駅構内に保存されているC12形蒸気機関車は、圧縮空気による構内走行を実施。乗車、運転などの各コースが設定される（要予約）。同駅構内では営業用車両の体験運転会を年10回程度開催（要予約）し、人気を集めている。

明知鉄道では早くから観光列車の設定に力を入れていたが、2011（平成23）年に運転開始した急行「大正ロマン号」（月曜運休、ただし祝日は運転）は、食堂車の常時連結を実施。「寒天列車」「枡酒列車」「じねんじょ列車」「きのこ列車」などの各グルメ列車に充当される（要予約）。

列車は1～2時間に1本程度の運転、1日13往復（月曜は12往復）が設定される。列車の行き違いを行う岩村には、2004（平成16）年3月まで使用された腕木信号機が保存されている。

明知鉄道の新たな主力、アケチ100形。明知鉄道が発足したときの車体色をまとう。

明智駅の構内では、C12形244号機が保存されている。圧縮空気を使用して構内運転を行うこともある。

熊野灘を走る特急「南紀」。2023年7月1日から、全列車が写真のキハ85系からHC85系に置き換えられる。紀伊長島～三野瀬間

non-electrified railway 62

紀勢本線

鉄道事業者
JR東海
路線名
紀勢本線
全区間
亀山～和歌山市
非電化区間
亀山～新宮
使用車両
キハ25形、キハ75形、キハ85系

紀伊半島を横断 非電化区間では リアス式海岸を走行

紀勢本線は紀伊半島を海岸沿いに結ぶ幹線で、全長は384・2km。JR西日本が管理する新宮《しんぐう》～和歌山市間は1978（昭和53）年10月に電化されているが、JR東海管理の亀山～新宮間は電化が見送られている。しかし、中京圏と観光エリアの南紀勝浦とを結ぶため、特急「南紀」（名古屋～新宮・紀伊勝浦間）がキハ85系で1日4往復設定される。

非電化区間のうち亀山～多気間は都市近郊区間、多気以南は田園、山林、漁港、海岸が入り組むバラエティーに富んだ車窓風景が楽しめる。紀伊長島付近の海岸風景は全国有数の景勝区間に数えられる。山岳区間となる栃原～三瀬谷間では宮川、三瀬谷～梅ケ谷間では大内山川の渓谷美が見どころ。普通列車にはキハ25形を充当。亀山～新宮間を通しで運転される普通列車は下り3本、上り1本のみ。長時間停車もあり、所要時間は約4時間半を要する。

伊勢鉄道

関西本線・紀勢本線のバイパス線として開業 高規格の非電化路線

伊勢鉄道は、国鉄伊勢線を継承して発足した第三セクター鉄道。関西本線の河原田と紀勢本線の津とを短絡する全長22・3㎞の伊勢線を営業する。国鉄時代から名古屋方面と志摩・南紀方面とを短絡する幹線ルートを形成し、現在も特急「南紀」（名古屋〜新宮・紀伊勝浦間）や快速「みえ」（名古屋〜伊勢市・鳥羽間）が乗り入れる。特急は線内無停車、快速は上り3本が中瀬古に停車する。高架や盛土の区間が連続し、車窓からは都市近郊街区と田園が混在する沿線風景が望める。

普通列車はセミクロスシートのイセIII形を充当、1時間に1本程度の運行で、区間列車と平日朝の1往復を除く大部分が関西本線の四日市を始発・終着とする。非電化第三セクター鉄道では珍しく複線区間（河原田〜中瀬古間）があり、単線区間にも国鉄時代から複線用地を確保する。列車の行き違いは中瀬古、河芸《かわげ》で行われる。

鉄道事業者
伊勢鉄道
路線名
伊勢線
全区間
河原田〜津
非電化区間
河原田〜津
使用車両
イセIII形ほか

単線区間を行くイセIII形。線路の右側に複線用地が確保されているのが分かる。伊勢上野〜河芸間

関西本線

鉄道事業者
JR西日本
路線名
関西本線
全区間
名古屋〜JR難波
非電化区間
亀山〜加茂
使用車両
キハ120形

山岳と渓谷が連続 黄金期をしのびつつ 単行列車を楽しむ

関西本線は名古屋とJR難波とを結ぶ全長174・9km（貨物支線を除く）の幹線で、亀山以東はJR東海、以西がJR西日本の管理となる。前身の関西鉄道以来、中京圏と関西圏を結ぶ主要ルートであったが、昭和50年代以降、地域輸送主体のダイヤにシフト。旅客需要が小さい亀山〜加茂間61・0kmは非電化のまま残された。

亀山〜柘植《つげ》間には中京圏と関西圏を分かつ鈴鹿山脈が横たわり、山岳区間が連続。加太《かぶと》〜柘植間には25‰の急勾配区間も存在する。伊賀盆地を走行する柘植〜島ケ原間は近郊住宅地と田園が混在するが、月ケ瀬口〜木津間は再び車窓両側の山並みが線路に迫る。この一帯では木津川と並走し、日本的な山間風景が続く。区間内は全駅が行き違い設備を有し、かつて幹線だったことを物語る。

現在、この区間は普通のみの設定で、キハ120形が1両、あるいは2両で運転される。

かつてD51形蒸気機関車が重連で挑んだ加太越えを、キハ120形は軽々と越えていく。関〜加太間

non-electrified railway 65

名松線

美しい渓谷の路線
台風で被災するも
沿線の支援で復旧

名松《めいしょう》線は三重県中勢地区の拠点都市・松阪の都市圏路線で、三重県西部の山間部の集落・伊勢奥津《おきつ》（津市）とを結ぶ全長43・5㎞の地方交通線。松阪～一志間は都市近郊区間だが、井関《いせぎ》からは並行する雲出《くもず》川の清流が車内から楽しめる。特に山間部区間となる家城～伊勢奥津間は渓谷美が美しく、秋には紅葉の名所としても人気。この区間では希少となったスタフ閉塞が用いられており、車内からもスタフ交換の様子を見られる。終着の伊勢奥津は切妻屋根の平屋建築で地域住民センターとの合築。車止め付近には、蒸気機関車時代の給水塔が残る。

列車は普通のみで松阪～家城《いえき》間が1日8往復、全線直通列車は6往復で、キハ11形300番代の単行運転となる。2009（平成21）年の災害で家城～伊勢奥津間が不通となり、この区間の廃止が検討されたが、沿線自治体の手厚い支援により全線復旧を果たした。

鉄道事業者
JR東海
路線名
名松線
全区間
松阪～伊勢奥津
非電化区間
松阪～伊勢奥津
使用車両
キハ11形300番代

軽快気動車をベースとした小さなキハ11形で運転される名松線。季節を感じる美しい車窓が魅力。家城～伊勢竹原間

non-electrified railway 66

池の浦シーサイド駅跡〜鳥羽間は、
伊勢湾の入り組んだ地形が楽しめる。
松下〜鳥羽間

参宮線

鉄道事業者
JR東海
路線名
参宮線
全区間
多気〜鳥羽
非電化区間
多気〜鳥羽
使用車両
キハ25形、キハ75形

参詣路線として開業 伊勢湾沿いの一帯は 風光明媚な絶景区間

参宮線は、紀勢本線の多気と伊勢志摩地域の拠点・鳥羽とを結ぶ全長29・1㎞の地方交通線（全線単線）。伊勢神宮の参詣路線として開業した経緯から、参宮線と命名された。かつては参拝客輸送が盛んに行われていたが、昭和40年代以降は地域輸送中心のダイヤにシフトしている。臨時駅から廃駅になった池の浦シーサイド駅跡から鳥羽にかけては伊勢湾に面した海岸区間。宮川〜山田上口間の宮川橋梁も景勝区間に数えられる。

快速「みえ」（名古屋〜伊勢市・鳥羽間）には転換式クロスシートのキハ75形、普通列車はロングシートのキハ25形が充当される。運転本数は快速・普通を合わせて毎時1〜2本、快速「みえ」の一部列車は伊勢市〜鳥羽間の各駅に停車する。普通列車の大部分は紀勢本線の亀山を始発・終着とする。沿線には伊勢神宮や二見浦の夫婦岩、鳥羽水族館、ミキモト真珠島など観光名所が多い。

4

chapter

5

近畿の非電化鉄道

non-electrified railway

紀州鉄道

中央資本のホテル事業者が運営する全国最短距離の非電化私鉄

鉄道事業者
紀州鉄道

路線名
紀州鉄道線

全区間
御坊〜西御坊

非電化区間
御坊〜西御坊

使用車両
KR301、KR205

紀州鉄道は和歌山県中央部の中核都市・御坊《ごぼう》市内を横断する全長2・7kmの非電化路線で、経営元の紀州鉄道株式会社は東京に本拠を置くホテル事業者。2002（平成14）年10月に芝山鉄道（全長2・2km、電化）が開業する前は全国最短距離の私鉄だった。

起点の御坊はJR紀勢本線のホームに隣接、中間改札は設置されない。沿線の大部分は御坊市の市街地だが、御

御坊から学門にかけて、大きくカーブを曲がって南に進路を変える。写真は信楽高原鐵道の塗色を継続していた旧塗色。

市街地を走る市役所前から西御坊にかけては、短い間隔で踏切が連続する。

全長わずか2.7㎞。終点の西御坊駅で折り返しの発車を待つKR301。2020年に、キハ600形を模した写真の塗色に変更された。

坊～学門間には車窓に田園風景が広がる区間もある。

1979（昭和54）年に開業した片面ホームの駅・学門は、受験生のご利益駅として人気を集め、ホームに安置された「学問地蔵」は車内からも確認できる。当駅は無人駅のため「学門駅」にちなんだ縁起ものの乗車券は隣の紀伊御坊で販売されている。紀伊御坊駅前「ほんまち広場603」には懐かしの湘南スタイル気動車キハ600形603号が静態保存されている。

運転本数は1日18往復が設定され（平日・土休日とも）、朝夕は約40分間隔、日中は約60分間隔で運転される。終列車は上り西御坊発が19時51分、下り御坊発が20時08分と早い。営業車両は信楽高原鐵道から譲受したKR301とKR205で、前者は2020（令和2）年に、後者は翌21年に塗色変更された。北条鉄道から譲受したレールバスのキテツ2も休車扱いで車籍は残る。

急勾配を越えた先の田園地帯を行く2両編成。緑色は転換式クロスシートのSKR500形、赤色はロングシートのSKR400形。雲井～勅使間

信楽高原鐵道

タヌキの郷を目指す三セク鉄道 田んぼアートの作品群は圧巻

信楽高原鐵道は、滋賀県南部・甲賀地方を横断する鉄道で、1987（昭和62）年7月にJR西日本信楽線14・7kmを継承して発足。近畿都市圏の外縁部にありながらも、車窓には山里と田園が広がり、春には新緑、秋には紅葉と四季折々の日本的な風景が楽しめる路線として人気がある。

貴生川《きぶかわ》～紫香楽宮跡《しがらきぐうし》間は杣川《そまがわ》、同駅から先は大戸川《だいどがわ》沿いを走行、カーブが連続する急勾配区間もあり車窓風景は変化に富む。貴生川～紫香楽宮跡間の田園地帯では、例年夏から秋にかけて地域活性化を目的としたイベント「田んぼアート」が実施され、車窓からも大地に表現された作品群が楽しめる。

勅旨《ちょくし》～玉桂寺前《ぎょくけいじまえ》間の第一大戸川橋梁は、最初期のPC造の鉄道橋梁として高い評価を得ており、国の重要文化財に指定されている。終点の信楽は信楽焼の街として知られ、駅敷地内にもタヌキの置物が多数置かれている。

車両はボックスシートのSKR310形、オールロングシートのSKR400形、転換式クロスシートのSKR500形の3形式。全区間が単線だが、列車の行き違いは実施されない。列車本数は1日15往復が設定されており、貴生川ではJR草津線の列車と連絡する。貴生川～信楽間の所要時間は下り（信楽行き）は約24分、上り（貴生川行き）は約23分となる。

鉄道事業者
信楽高原鐵道

路線名
信楽線

全区間
貴生川～信楽

非電化区間
貴生川～信楽

使用車両
SKR310形、
SKR400形、
SKR500形

5

貴生川〜紫香楽宮跡間は駅間が9.6kmもあり、急勾配を越えていく。写真はSKR400形。

ホーム上にタヌキの焼き物が並ぶ信楽駅。車両はSKR312。駅本屋にもたくさんのタヌキが置かれている。

京都丹後鉄道

日本三景の天橋立を望む宮豊線
水上を走る感覚の宮舞線

京都丹後鉄道は、京都府と兵庫県にまたがる丹後地方を主な営業範囲とする第三セクター鉄道。宮豊線（宮津～豊岡間／58・9㎞）、宮舞線（宮津～西舞鶴間／24・7㎞）、宮福線（宮津～福知山間／30・4㎞）の3路線があるが、うち宮豊線の天橋立以西と宮舞線全線が非電化区間となる。

宮舞線はJR舞鶴線と接続する西舞鶴を出ると由良川沿いの区間が連続、由良川河口付近の丹後神崎～丹後由良間の由良川橋梁（全長550ｍ）では、水上を走っているような絶景が楽しめる。丹後由良～宮津間は宮津湾の海岸線を走行する。

宮豊線の天橋立前後では車窓から日本三景・天橋立の雄大な風景も堪能できる。天橋立以西は田園地帯、小天《しょうてん》橋《きょう》～久美浜間では久美浜湾の穏やかな内海風景が楽しめる。この一帯では、丹後半島の付け根を横切る線形のためトンネルやカーブも多い。コウノトリの郷～豊岡間では円山川《まるやまがわ》と交差しながら、豊岡市街地を眺望できる。

両線とも単線で、普通はおおむね1時間に1本運行。西舞鶴～豊岡間を通しで運行する列車も多い。KTR700・800形が主力で、レストラン列車「くろまつ」や観光車両「あかまつ」「あおまつ」に改造された車両もある。特急は1日4往復が宮豊線を走り、KTR8000形を充当。京都に直通する「はしだて」の設定もある。

鉄道事業者
WILLER TRAINS

路線名
宮豊線、宮舞線

全区間
宮津～豊岡（宮豊線）、
宮津～西舞鶴（宮舞線）

非電化区間
天橋立～豊岡（宮豊線）、
宮津～西舞鶴（宮舞線）

使用車両
KTR700形、KTR800形、
KTR8000形

由良川の河口付近に架かる由良川橋梁を渡る普通列車。ほかにない絶景が広がる。丹後神崎～丹後由良間

5

京都丹後鉄道では特急形気動車も保有。KTR8000系は特急「はしだて」「まいづる」「たんごリレー」に使用する。

京都丹後鉄道のレストラン列車「くろまつ」は、黒色の車体色が特徴。

姫新線

鉄道事業者
JR西日本
路線名
姫新線
全区間
姫路〜新見
非電化区間
姫路〜新見
使用車両
キハ122形、キハ127形、キハ120形、キハ40系

多彩な表情を見せる長大非電化路線 魅力的な駅も連続

姫新《きしん》線は兵庫県播州地方の中核都市・姫路と、岡山県北部の新見市を結ぶ全長158・1kmの地方交通線。姫路〜播磨新宮間は姫路都市圏の都市近郊街区を走行するが播磨新宮以西は車窓風景が一変、中国山地に分け入り山間部の風景が続く。智頭急行と接続する佐用、津山線・因美線と接続する津山の駅周辺には街並みが広がる。

三日月〜播磨徳久《はりまとくさ》間の線路脇には毎年夏にヒマワリの花が咲き誇る。美作千代《みまさかせんだい》には木造駅舎が残存、岩山では毎年3月に「つるし雛」を展示するなど、味わい深い駅も多い。

車両は姫路〜上月《こうづき》間の高速化工事完成と同時に登場した転換式クロスシートのキハ122・127形、セミクロスシートのキハ120形（佐用〜新見間）、津山〜中国勝山間ではキハ40・47形の運用も残る。路線の性格が区間により異なるため、全線を通して運行する列車はなく、佐用と津山で系統分割される。

姫新線に2009年から投入された両運転台のキハ122形。ヒマワリ畑が車窓を華やかにする。

播但線

車窓には天空の城 特急列車も走る 陰陽連絡線のひとつ

播但《ばんたん》線は姫路～和田山間で営業する全長65・7㎞の陰陽連絡線のひとつ。姫路都市圏に位置する寺前以南は1998（平成10）年3月に電化されたが、旅客需要が相対的に小さい寺前以北は非電化のままとされた。生野《いくの》周辺は「生野越え」と称される勾配区間が連続、市川の清流とともに深山幽谷の世界。生野駅は蒸機時代の名残で構内配線が右側通行となる。竹田付近では天空の城と称され全国的に有名な竹田城跡の石垣を車窓から眺められる。

普通列車は1日13往復が設定され、キハ40・41形が充当される。非電化区間の普通列車は全列車がワンマン運転となる。一部列車には観光車両「うみやまむすび」が充当されることもある。また、特急「はまかぜ」（大阪～豊岡・城崎温泉・香住・鳥取間）が1日3往復で全区間を走行。キハ189系が充当され、福崎、寺前、生野、和田山には全列車が停車する。

鉄道事業者
JR西日本
路線名
播但線
全区間
姫路～和田山
非電化区間
寺前～和田山
使用車両
キハ40形、キハ41形、キハ189系

下市川橋梁を渡る播但線の普通列車。右側のキハ41形は、単行運転に対応するためキハ47形を両運転台に改造した播但線専用車。長谷～生野間

北条鉄道

魅力的な駅が連続する地域輸送路線 元・五能線のキハ40形は集客の要に

北条鉄道は、兵庫県播州地方の全長13・6㎞の第三セクター鉄道で、1985（昭和60）年4月に国鉄北条線を継承して営業を開始した。路線名は北条線で、起点の粟生《あお》ではJR加古川線・神戸電鉄粟生線と接続する。加古川都市圏の外縁部にあたり、都市近郊の街区と田園風景が混在。この地方に多い「ため池」も車窓から眺められる。

ホームに八重桜が植栽され、春には車内から花見が楽しめる播磨横田、1915（大正4）年竣工の木造駅舎が残存する法華口、播磨下里、長《おさ》の各駅は2014（平成26）年4月に国の登録有形文化財に登録された。また、駅前にイチョウの巨木が立つ網引《あびき》、間伐材と枕木で建設された木造駅舎が建つ田原、ホームに石庭を設置する播磨下里など、各駅の施設やロケーションの多彩さもこの路線の魅力だ。

車両は富士重工製のLE-DCベースのフラワ2000形が3両在籍。さらに2022（令和4）年10月からはJR東日本から譲受したキハ40形（元・五能線）が加わり、沿線活性化にも貢献している。第三セクター鉄道では珍しく土休日ダイヤを導入、平日は1日21往復、土日は1日17往復が設定される。2020（令和2）年には列車増発を目的に法華口駅に列車の行き違い設備を新設、ICカードを活用した保安装置を採用しており全国の鉄道事業者の注目を集めている。

鉄道事業者
北条鉄道

路線名
北条線

全区間
粟生～北条町

非電化区間
粟生～北条町

使用車両
フラワ2000形、キハ40形

春になると、ホームに植栽された桜が満開になる播磨横田駅。フラワ2000形は3両それぞれで車体色が異なる。

軽快気動車が主力の北条鉄道に、2022年に導入されたキハ40 535号。誘客に貢献する。北条町〜播磨横田間

1915年に建造された法華口駅に停車するムラサキ色のフラワ2000-2号。

non-electrified railway 73

嵯峨野観光鉄道

鉄道事業者
嵯峨野観光鉄道
路線名
嵯峨野観光線
全区間
トロッコ嵯峨〜トロッコ亀岡
非電化区間
トロッコ嵯峨〜トロッコ亀岡
使用車両
DE10形、SK100形

嵯峨野観光鉄道はＪＲ西日本の子会社で、山陰本線嵯峨〜亀岡間の新線切り替えにより廃線となった区間を転用して１９９１（平成３）年４月に営業を開始した。関西有数の景勝地・保津峡沿いを走行し、車窓からは桜、新緑、紅葉と四季折々の渓谷美が堪能できる。

観光輸送に特化した営業形態で、車両にも眺望性を追求した展望車両ＳＫ１００・２００・３００形の３形式を充当。５両編成で組成され、国鉄型ディーゼル機関車ＤＥ10形が牽引（推進運転）する。

１〜４号車は開閉式の大型窓を設置、５号車「ザ・リッチ」はガラスのない開放的な構造。３・４号車は冬期間にストーブを設置する。車掌による沿線の見どころ紹介や、ポイントでの一時停車など至れり尽くせり。トロッコ保津峡ではタヌキの置物が出迎えてくれる。トロッコ嵯峨〜トロッコ嵐山間はＪＲ山陰本線（嵯峨野線）の下り線を走行する。

山陰本線旧線を転用 インバウンドにも人気の 関西屈指の観光路線

車窓の美しさに定評があった山陰本線を、付け替え後に観光鉄道として活用。写真の旧・保津峡駅は、トロッコ保津峡駅に改称された。

5

chapter

6

山陰・山陽の非電化鉄道

non-electrified railway

智頭急行の看板列車、HOT7000系「スーパーはくと」。振り子式気動車で、カーブでも速度を落とさずに通過できる。恋山形〜智頭間

智頭急行

最後の陰陽連絡線として開業 特急は130km/h運転を実施

鉄道事業者
智頭急行

路線名
智頭線

全区間
上郡〜智頭

非電化区間
上郡〜智頭

使用車両
HOT3500形、HOT7000系ほか

智頭急行は、兵庫県播州地方西部の上郡《かみごおり》と、鳥取県八頭地方南部の智頭とを結ぶ全長56・1㎞の第三セクター鉄道。1966（昭和41）年6月に陰陽連絡線のひとつ、国鉄智頭線として着工されたが、国鉄財政悪化に伴い1980（昭和55）年に工事は凍結。鳥取県を筆頭株主とする第三セクター方式の智頭急行により、1994（平成6）年12月に開業にこぎ着けた。中国地方東端部の山岳地帯を縦貫することから、山岳・山林区間が連続。千種川、作用川、吉野川、千代川などに面して敷設された区間からは、車内からも中国山地の清冽な流れを楽しめる。

開業当初から高速運転を前提とした構造で、曲線区間は緩やかな線形を採用。列車行き違いが行われる駅には1線スルー構造の高速分岐器が設置された。一部区間で130㎞／h運転を実施する特急は「スーパーはくと」（京都〜鳥取・倉吉間）が1日7往復、「スーパーいなば」（岡山〜鳥取間）が1日6往復あり、前者が智頭急行のHOT7000系、後者はJR西日本のキハ187系を充当する。

全区間通しの普通列車は8・5往復。上郡〜大原間、大原〜智頭間の区間列車も設定、一部の普通列車は因美線の鳥取を始発・終着とする。2018（平成30）年からはHOT3500形改造のイベント列車「あまつぼし」が運転を開始、定期列車にも充当される。

岡山～鳥取間の「スーパーいなば」が智頭急行経由で設定されているため、JR西日本のキハ187系が乗り入れる。“恋がかなう駅”恋山形を通過する。

「スーパーはくと」の印象が強い智頭急行だが、普通列車はHOT3500形で運転されている。HOT7000系と共通テーマの車体色をまとう。

津山線

鉄道事業者
JR西日本
路線名
津山線
全区間
岡山〜津山
非電化区間
岡山〜津山
使用車両
キハ40系、キハ120形

一級河川・旭川に面した清流鉄道 新観光列車も登場

岡山県の県都・岡山市と同県の津山を結ぶ、全長58・7㎞の津山線。かつては陰陽連絡線としての役割を担っていたが、1997（平成9）年11月の急行「砂丘」（岡山〜鳥取間）の廃止以降は、地域輸送主体に特化したダイヤとなった。

吉備高原を縦貫する玉柏《たまがし》〜津山間の車窓には山岳風景が連続、玉柏〜金川間では旭川、備前原〜誕生寺間では旭川支流の誕生寺川に沿って走行、美しい清流を車内からも楽しめる。岡山〜津山間の快速「ことぶき」は1日7・5往復、法界院、金川、福渡、弓削《ゆげ》、亀甲《かめのこう》などに停車する。

全区間通しの普通列車は下り13本、上り16本。このほか、岡山〜福渡間と、福渡〜津山間に1日3本の区間列車も設定される。2022（令和4）年7月に登場した観光列車「SAKU美SAKU楽」は観光シーズンに岡山〜津山間に設定される。

山深い地を津山へ向けて走るキハ40形の2両編成。亀甲〜佐良山間

non-electrified railway 76

吉備線

愛称は桃太郎線
古代創建の寺社が連続する歴史街道

吉備《きび》線は岡山都市圏の北部を横断する全長20・4㎞の地方交通線で、中国地方屈指のターミナル・岡山と伯備線の総社とを短絡する。沿線地域を桃太郎一行が歩いたとの伝説にちなみ、「桃太郎線」の路線愛称がある。

岡山〜備前一宮間の車窓には都市型街区が連続するが、備前一宮以西では吉備高原が望める都市近郊風景となる。沿線には古代に創建された神社や寺院が多数立地し、観光客の利用も多い。桃太郎のモデルという吉備津彦命《きびつひこのみこと》が祀《まつ》られる吉備津彦神社は備前一宮〜吉備津間の車窓からも見ることができる。

都市近郊路線のため運転本数は多く、全区間通しの列車は28・5往復設定。さらに、岡山〜備中高松間の区間列車も運転される。

この路線には、JR西日本から経営分離して電化・LRT化する計画もあるが、具体的な完成時期は未定となっている。

鉄道事業者
JR西日本
路線名
吉備線
全区間
岡山〜総社
非電化区間
岡山〜総社
使用車両
キハ40系

備中高松駅を出発し、岡山を目指すキハ47形の普通列車。右に見えるのは最上稲荷（妙教寺）の大鳥居。備中高松〜吉備津間

芸備線

鉄道事業者
JR西日本
路線名
芸備線
全区間
備中神代～広島
非電化区間
備中神代～広島
使用車両
キハ40系、キハ120形

広島県央を横断 閑散区間では存廃問題が急浮上

芸備《げいび》線は、伯備線の備中神代《こうじろ》（岡山県新見市）と広島とを結ぶ全長159・1㎞の地方交通線。路線名は旧国名の安芸（広島県西部）と備中（岡山県西南部）を結ぶことにちなむ。沿線の大部分は中国山地となるが、広島市北東部の区間は宅地開発が進行している新興地となる。また、三次《みよし》、備後庄原、備後西城の周辺の盆地には小都市近郊の風景が広がる。

比婆山～備後庄原間では西城川、三次～吉田口間では江《ごう》の川、下深《しもふ》川《かわ》～戸坂間付近では太田川に沿って走行し、車内からも川面を眺めることができる。全区間通しの列車の設定はなく、備後落合と三次で系統は分割される。三次～広島間には快速「みよしライナー」が1日4往復設定される（平日）。備後落合～東城間は1日3往復の閑散区間。JR西日本はこの区間を含む備中神代～備後庄原間の存廃について沿線自治体と協議を開始するとしている。

多くの河川と付かず離れず沿って走る芸備線。西城川を渡るキハ120形。備後庄原～高間

non-electrified railway 78

水島臨海鉄道

倉敷都市圏を縦貫し
貨物輸送にも注力
国鉄型気動車も現役

水島臨海鉄道は1970（昭和45）年4月に営業を開始した第三セクター鉄道。JR倉敷駅に隣接する倉敷市駅と倉敷貨物ターミナルとを結ぶ本線（全長11・2km）と、本線の水島から分岐し東水島との間を結ぶ貨物線の東港線（全長3・6km）の2路線を有する。本線のうち倉敷市～三菱自工前間では旅客輸送を実施しており、倉敷市南北の交通軸としての機能を果たしている。

沿線全区間が都市部となり、高架化された弥生～水島間では整然とした街並みが車窓に広がる。倉敷市～水島間は1時間に1～3本が設定されるが、水島以西は朝夕中心の列車設定となる。貨物列車は1日3往復、旅客列車からも同社オリジナルのディーゼル機関車が牽引するコンテナ列車を見ることができる。旅客車は自社発注のMRT300形に加え、JR東日本から譲受したキハ30形、キハ37形、キハ38形が在籍する。

鉄道事業者
水島臨海鉄道
路線名
水島本線
全区間
倉敷市～三菱自工前
非電化区間
倉敷市～三菱自工前
使用車両
MRT300形、キハ30形、キハ37形、キハ38形ほか

旅客列車の終点・三菱自工前に到着するMRT300形。複線のうち左の線路は、この先の倉敷貨物ターミナル駅に直通する貨物列車用。

福塩線

鉄道事業者
JR西日本
路線名
福塩線
全区間
福山〜塩町
非電化区間
府中〜塩町
使用車両
キハ120形

川沿い区間が連続 広島県東部を縦貫する陰陽連絡線

広島県福山市と同県北部の拠点都市・三次市の塩町とを結ぶ全長78・0㎞の地方交通線。福山〜府中（開業当時は府中町）間は1913（大正2）年に開業した私鉄の両備鉄道（のち国有化）が前身で、1927（昭和2）年に直流電化された。府中〜塩町間は当初から国が整備・建設を担い、1938（昭和13）年に全通した。

府中以南の電化区間と府中以北の非電化区間は全通当初から事実上別路線として位置付けられ、前者は福山都市圏輸送主体、後者は地域輸送主体のダイヤが組成されてきた。

非電化区間の大部分は中国山地を越える山岳区間となるが、府中〜備後三川《みかわ》間は芦田川、上下〜備後安田間は上下川、吉舎《きさ》〜塩町間は馬仙川に沿って走行する。非電化区間の全区間通しの列車は1日5往復、全列車が芸備線三次を始発・終着とする。吉舎〜三次間にも区間列車が1日1往復設定される。

福塩線の3分の2は非電化区間になる。芦田川沿いを単行のキハ120形が行く。中畑〜下川辺間

井原鉄道

non-electrified railway 80

着工から33年を経て開業した三セク路線　新観光列車も人気

井原《いばら》鉄道は、岡山県中部の総社市と広島県福山市の神辺《かんなべ》地区（旧・神辺町）とを結ぶ全長41・7㎞の第三セクター鉄道。1966（昭和41）年5月に国鉄井原線として着工されたが、国鉄財政悪化に伴い1980（昭和55）年に工事が凍結。地元自治体主導の第三セクター鉄道・井原鉄道が受け皿となり工事再開、1999（平成11）年4月に開業を果たした。路線の一部は戦前から昭和40年代にかけて営業していた軽便鉄道・井笠鉄道の線路跡を転用している。

車窓には都市近郊街区、田園、里山風景が展開、清音～井原間では小田川の清流が車内から楽しめる。総社～清音間はJR伯備線との共用区間だが、一部列車は総社には乗り入れず清音発着となる。

2022（令和4）年4月からは、「天文王国岡山」の魅力を伝える観光列車「スタートレイン」が運転開始、人気を集めている。

鉄道事業者
井原鉄道
路線名
井原線
全区間
総社～神辺
非電化区間
清音～神辺
使用車両
IRT355形

1980年代後半に建設されたため、近代的な高架線区間も多い井原鉄道。キハ120形と同型のIRT355形が小田川を越える。井原～早雲の里荏原間

錦川鉄道

路線の大部分が清流沿い区間 キハ40形も現役

鉄道事業者
錦川鉄道
路線名
錦川清流線
全区間
川西〜錦町
非電化区間
川西〜錦町
使用車両
NT3000形、キハ40形

錦川《にしきがわ》鉄道は、ＪＲ岩徳《がんとく》線の川西を起点とする全長32・７㎞の第三セクター鉄道。もともとは山口県岩国市（岩国駅）と島根県津和野市の日原《にちはら》地区（山口線日原駅）とを結ぶ陰陽連絡線として計画された路線で、両駅の頭文字から路線名は岩日《がんにち》線と命名された。工事は岩国（川西）方が先行、１９６３（昭和38）年10月に錦川に達しているが、錦川〜日原間の工事は国鉄財政悪化により凍結された。

路線の大部分は中国山地に分け入る錦川の右岸に沿っており、下り列車の場合進行方向右側の座席を確保したい。錦川支流が形成する「清流の滝」（北河内〜椋野《むくの》間）も見逃せない。

列車は１日10往復、全列車が岩国〜錦町間に設定され、線内折り返しは設定されない。軽快気動車ＮＴ３０００形４両と、２０１７（平成29）年にＪＲ東日本から譲受したキハ40形（元・烏山線）の２形式が在籍する。

社名の由来でもある錦川に沿って走る錦川鉄道。4両ある軽快気動車のNT3000形は、すべて異なる車体色をしている。椋野〜南桑間

6

岩徳線

本線バイパスの名残を伝える各種の鉄道施設

岩徳線は、山陽本線の山口県東部区間・岩国〜櫛ケ浜（旧・徳山市、現・周南市）間の短絡線として敷設された全長43・7㎞の地方交通線。昭和30年代までは山陽本線のバイパス線として機能しており、規模の大きな駅舎、有効長が確保された行き違い設備などにその名残を見ることができる。

清流・錦川を横断する西岩国〜川西間、周《す》防《おう》山地南部の山岳地帯を横断する川西〜欽明路間は車窓のハイライト。周防高森〜米川間では島田川、生野屋〜周防花岡間では山陽新幹線と並走している。

沿線には都市化が進んだ地域も多く、勝間、周防久保、生野屋では駅前に住宅地が広がる。全区間通しの列車は1日11・5往復、全列車が山陽本線徳山を始発・終着とする。このほか、周防高森〜岩国間の区間列車が平日に1本設定される。川西〜森ケ原信号場間は錦川清流線との二重線籍となる。

鉄道事業者
JR西日本
路線名
岩徳線
全区間
岩国〜櫛ケ浜
非電化区間
岩国〜櫛ケ浜
使用車両
キハ40形、キハ47形

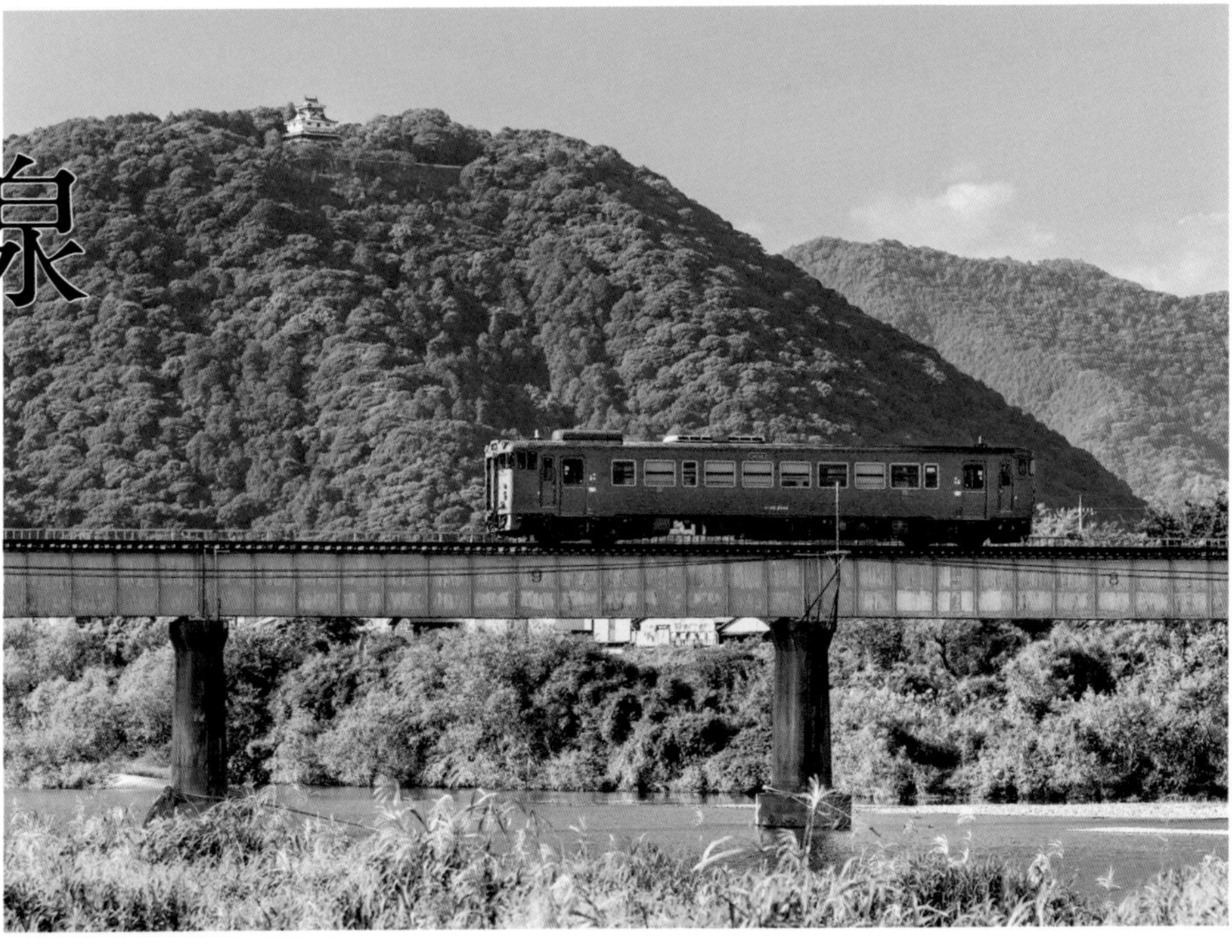

西岩国〜川西間で錦川を渡る岩徳線のキハ40形。背後の山頂には岩国城の模擬天守が見える。

山陰本線

鉄道事業者
JR西日本
路線名
山陰本線
全区間
京都～幡生、
長門市～仙崎
非電化区間
城崎温泉～
伯耆大山、
西出雲～幡生、
長門市～仙崎
使用車両
キハ40系、
キハ126系、
キハ120形、
キハ187系ほか

大部分が非電化の全国最長路線 日本海沿いの景勝区間が点在

山陰本線は京都と幡生《はたぶ》（山口県下関市）とを日本海沿いに結ぶ幹線で、営業キロは新幹線を除く国内鉄道路線では最長の676・0㎞の（仙崎支線を含む）。京都・大阪と直結する京都～城崎温泉間、岡山と直結する米子～西出雲間を除いて非電化区間となる。

車窓風景は変化に富み、鳥取、倉吉、松江、大田、江津、浜田、益田、萩、長門市などの都市部一帯には平野や三

角州に開けた市街地が展開する一方、小田〜波根間、周布《すふ》〜折居間、益田〜飯浦《いいのうら》間、須佐〜木与間、奈古〜長門大井間、長門二見〜小串間など日本海の絶景を望める区間も数多く存在する。竹野〜香住間では日本海に面した海岸段丘上を走行、余部橋梁周辺一帯は沿線有数の景勝区間となる。

益田以西を除いて特急が設定され、大阪〜豊岡・城崎温泉・香住・鳥取間の「はまかぜ」、鳥取〜米子・益田間の「スーパーまつかぜ」、鳥取・米子〜新山口間の「スーパーおき」に加えて、「スーパーはくと」も一部列車が鳥取〜倉吉間に乗り入れる。快速・普通は浜坂〜米子間と豊岡〜益田間に高速運転対応車のキハ126系を投入。キハ40系とキハ120形の運用も多い。全区間通しの列車の設定はなく、浜坂、鳥取、米子、出雲市、浜田、長門市、小串で系統分割される。

東萩〜新下関間には観光列車「〇〇のはなし」(臨時快速)も設定される。

本線だけに、小編成とはいえ気動車特急が多数設定されている。キハ187系「スーパーまつかぜ」が行く。益田〜石見津田間

山陰本線の車窓には見どころが多い。2010年に架け替えられた余部橋梁をキハ47形が渡る。鎧〜餘部間

1932年に架橋された惣郷川橋梁は、海水による腐食を防ぐため、鉄筋コンクリートラーメン橋が採用された。須佐〜宇田郷間

境線

夕暮れの大山を背に、境港を目指す境線のキハ40系。大篠津町～米子空港間

鉄道事業者
JR西日本
路線名
境線
全区間
米子～境港
非電化区間
後藤～境港
使用車両
キハ40系、キハ126系

米子都市圏を縦貫 鬼太郎列車は 地域観光の目玉に

境線は、鳥取県西部の米子市と弓ヶ浜半島北部の港湾都市・境港とを結ぶ全長17・9㎞の地方交通線。米子～後藤間は後藤総合車両所の出入庫線を兼ね電化されているが、この区間に電車充当の列車は設定されない。

米子都市圏北部を走行することから、車窓には都市近郊風景が連続する。その一方、田園越しに中国山地、大山《だいせん》、島根半島の山並みが見える区間もある。大篠津町～米子空港間では米子空港を離発着する航空機を見ることができる。

地方路線では珍しい土休日ダイヤを導入しており、平日は1日17往復、土休日は1日15往復を設定。線内折り返しは実施されない。車両はキハ40形・キハ47形が主力。境港市が漫画家・水木しげる氏の出身地であることから、同氏の代表作「ゲゲゲの鬼太郎」のキャラクターを車体に描いた「鬼太郎列車」が運転される。

6

因美線

non-electrified railway 85

智頭以北では多彩な車両を運用 智頭以南は閑散区間

因美《いんび》線は、鳥取県鳥取市と岡山県津山市を結ぶ全長70・8㎞の地方交通線。路線名は旧因幡《いなば》国（鳥取県東部）と美作《みまさか》国（岡山県北部）を直結することにちなむ。

中国山地を縦貫するため多くの区間で山間部を走行、車窓から地域の名峰である那岐山と三室山を望むことができる。国英《くにふさ》〜因幡社《いなばやしろ》間では千代川、美作滝尾〜東津山間では加茂川沿いの区間が連続する。美作河井、美作滝尾の両駅は昭和初期の木造駅舎が現存、車内からもその古風なたたずまいを味わうことができる。

鳥取〜智頭間には智頭急行の車両が、鳥取〜郡家《こおげ》間には若桜《わかさ》鉄道の車両がそれぞれ乗り入れるため、線内運用の車両はバラエティーに富む。智頭で系統分割されており、全区間通しの列車は設定されない。智頭〜津山間の列車は1日7往復（快速を含む）が設定され、キハ120形が充当される。

鉄道事業者
JR西日本
路線名
因美線
全区間
鳥取〜東津山
非電化区間
鳥取〜東津山
使用車両
キハ120形、
キハ187系ほか

石造りの橋脚に架かる松箒橋梁を渡る因美線のキハ120形。美作河井〜知和間

若桜鉄道

八東川沿いの清流区間が連続 沿線に多数残る鉄道遺構も魅力

登録有形文化財の、第二八東川橋梁を渡る青色の「昭和号」。手前の小さな滝は「徳丸どんと」と呼ばれている。八東〜徳丸間

鉄道事業者
若桜鉄道

路線名
若桜線

全区間
郡家〜若桜

非電化区間
郡家〜若桜

使用車両
WT3000形、WT3300形

若桜《わかさ》鉄道は、1987（昭和62）年10月にJR西日本の若桜線（全長19・2km）を継承して営業を開始した第三セクター鉄道。路線は千代《せんだい》川水系・八《はっ》東《とう》川沿いの谷底平野に敷設され、車窓には鳥取都市圏南部の都市近郊街区とのどかな農村風景が展開。沿線に3カ所ある八東川を渡る橋梁区間と、安部〜八東間、丹《たん》比《ぴ》〜若桜間の八東川沿いの区間は車窓のハイライトとなる。

線内には国鉄時代の鉄道施設が数多く残り、因幡船岡、隼、安部、八東、丹比、若桜の各駅には昭和初期の若桜線開業当時の木造駅舎やプラットホームが現存。沿線内の橋梁、石覆、雪覆などの鉄道遺構も良好な状態で残存しており、車内から鉄道遺産巡りも楽しめる。若桜駅構内には蒸気機関車時代の給水塔や転車台、開業当時の物置やランプ小屋も残されている。また、若桜駅ではC12形167号機を圧縮空気により展示走行しており（原則4〜12月の第2・第4日曜）、地域の観光誘客に大きく貢献している。

列車は1日14往復（土日は1日13往復）を設定、うち6往復が因美線の鳥取を始発・終着とする。車両は新潟鉄工所（現・新潟トランシス）製のNDCベースのWT3000形（鋼製）、WT3300形（ステンレス製）の2形式。後者はイベント列車にも充当される。かつてはJR西日本車の乗り入れもあったが、現在は実施されない。

C12形は2015年4月に、社会実験として若桜～八東間で往復運転を実施した。車籍がないため線路閉鎖をし、DD16形に牽引される形で走行した。

若桜駅の構内に残る給水塔。国鉄時代に若桜線を走っていたC12形167号機のほか、DD16形ディーゼル機関車や貨車などを構内に保存する。

木次線

鉄道事業者
JR西日本
路線名
木次線
全区間
宍道～備後落合
非電化区間
宍道～備後落合
使用車両
キハ120形ほか

陰陽連絡線から地域輸送路線に トロッコは今秋廃止

木次《きすき》線は、島根県出雲地方と広島県備後地方を結ぶ全長81・9㎞の地方交通線。かつては陰陽連絡線としての役割を担っていたが、1990（平成2）年の急行「ちどり」廃止以降は地域輸送に特化したダイヤを組む。

中国地方を南北に貫くため、沿線の大部分は山間部を走行。加茂中～出雲大東間では赤川、木次～下久野間では斐伊《ひい》川水系・久野川に面した区間が連続。山陰地方特有の赤瓦屋根の住宅や農家も数多く見ることができる。

松本清張の代表作『砂の器』で一躍有名になった亀嵩《かめだけ》は、駅舎に入居するそば店・扇屋が出札業務を受託する委託駅で、事前予約をすれば同店の「奥出雲そば」が購入できる。

看板列車のトロッコ列車「奥出雲おろち号」（木次～備後落合間／臨時）は2023年11月に運転終了予定。それ以降は観光車両「あめつち」による運転が予定されている。

木次線名物の出雲坂根駅の三段スイッチバック。上段をキハ120形が、下段を「奥出雲おろち号」が行く。

山口線

non-electrified railway 88

都市間輸送を担う陰陽連絡線 清流区間も連続

山口県南部の拠点駅・新山口（山口市）と島根県西部の益田とを結ぶ全長93・9㎞の山口線。長門峡～徳佐間では阿武川、津和野～石見横田間では津和野川に沿う区間が多数含まれ、清冽な流れを車内からも楽しめる。津和野周辺では小京都と称される情緒あふれる街並みが車窓に広がる。一方、新山口～宮野間では山口都市圏の街並みが連なっており、それ以外の区間と趣きが大きく異なる。

特急「スーパーおき」（新山口～米子・鳥取間）は1日3往復設定。普通列車の多くが新山口～山口・宮野間に設定され、宮野～津和野間は1日8往復となる。長らく看板列車として君臨する「SLやまぐち号」（新山口～津和野間）は2020（平成2）年10月に牽引機C57形に不具合が発生、修理が長期化しており、2023（令和5）年6月現在もディーゼル機関車による牽引となっている。

鉄道事業者
　JR西日本
路線名
　山口線
全区間
　新山口～益田
非電化区間
　新山口～益田
使用車両
　キハ40系、キハ187系

山口線を走る特急「スーパーおき」。キハ187系を使用し、新山口と米子・鳥取とを結ぶ。長門峡～渡川間

美祢線

鉄道事業者
JR西日本
路線名
美祢線
全区間
厚狭～長門市
非電化区間
厚狭～長門市
使用車両
キハ120形

地域輸送主体の最西端に位置する陰陽連絡線

美祢《みね》線は、山陽小野田市の山陽本線・新幹線接続駅・厚狭《あさ》と、山陰本線の長門市とを結ぶ全長46・0㎞の幹線。かつては南大嶺～大嶺間に全長2・8㎞の支線（大嶺支線）も営業していたが、1997（平成9）年4月に廃止された。平成時代前期までは石灰石輸送を主体とする貨物輸送の占める比率が高かったが、2009（平成21）年10月以降は旅客輸送のみとなった。

山間部を走行する区間が多いが、河岸段丘上の田園風景が広がる一帯もある。厚狭～於福《おふく》間には太平洋に注ぐ厚狭川沿いの区間が連続、於福～渋木間の大ケ《おおが》峠《とう》が分水嶺となり、峠を越えると日本海に注ぐ深川川《ふかわがわ》に並行する区間が連続する。

特急や快速の設定はなく、全列車が普通列車。1日9往復が設定され、うち下り3本・上り5本が山陰本線仙崎支線の仙崎を始発・終着とする（列車番号は長門市を境に変更）。

築堤上を走る美祢線のキハ120形。
昔ながらののどかな風景が広がる。
於福～渋木間

6

chapter

7 四国の非電化鉄道

non-electrified railway

高徳線

鉄道事業者
JR四国
路線名
高徳線
全区間
高松〜徳島
非電化区間
高松〜徳島
使用車両
1000形、1500形、
キハ40系、2700系ほか

好対照を成す都市圏輸送区間と県境越え区間

高松市と徳島市とを結ぶことから高徳線《こうとく》と命名された路線。特急「うずしお」が16・5往復運転され、そのうちの2往復が岡山まで直通する。普通列車は高松〜オレンジタウン・三本松・引田間の区間列車が多数設定される一方、県境をまたぐ引田〜板野間は1日6・5往復と少ない。全線が単線だが列車行き違い駅の多くが1線スルー化されており、特急の高速運転に対応している。

高松〜栗林《りつりん》間は高架区間を走行し、四国有数の大都市・高松のビル群を、讃岐津田〜鶴羽《つるわ》付近、引田〜讃岐相生付近では瀬戸内海（播磨灘）を望める。讃岐牟礼〜志度間では高松琴平電鉄志度線の電車と並走することもある。全長949mの吉野川橋梁では「四国三郎」と呼ばれる吉野川の雄大な流れを堪能できる。普通列車の車両はJR四国のオリジナル形式に加え、国鉄型のキハ40形・キハ47形も一部に残る。

新川を渡る1200形＋1500形の普通列車。この辺りはまだ高松都市圏にある。木太町〜屋島間

鳴門線

non-electrified railway 91

都市圏輸送に従事する全駅片面ホームの非電化盲腸線

鳴門線は、高徳線の池谷を起点とし鳴門までの8・5㎞を結ぶ地方交通線。徳島県第2の都市・鳴門へのアクセス路線でありながら、開業から現在に至るまで特急・急行が設定されたことがない。全駅が棒線駅（1面1線）であるため、途中駅での行き違いは行われない。車窓風景は郊外的な街区と田園風景が混在。並行する県道12号沿いには各種の商業施設が連なる。

徳島圏内の通勤通学路線として機能しており、一部の時間帯を除き1時間1本の間隔で運転。大部分の列車が徳島発着（高徳線直通）だが、1日1往復のみ線内折り返し列車の設定もある。終点の鳴門駅はJリーグ「徳島ヴォルティス」のホームスタジアムの最寄り駅で、試合開催日には臨時列車が設定されることもある。車両は1200形、1500形による運用が主体だが、朝夕を中心にキハ40形・キハ47形も運用される。

鉄道事業者
JR四国
路線名
鳴門線
全区間
池谷～鳴門
非電化区間
池谷～鳴門
使用車両
1200形、1500形、キハ40系

池谷～鳴門間の短い路線だが、徳島への通勤路線としての顔も持つ。教会前

牟岐線

鉄道事業者
JR四国
路線名
牟岐線
全区間
徳島〜阿波海南
非電化区間
徳島〜阿波海南
使用車両
1200形、1500形、キハ40系

徳島の市街地から田園、里山を抜けシーサイドラインへ

牟岐《むぎ》線は徳島県を太平洋沿いに縦貫する地方交通線で、路線名は沿線南部の拠点駅・牟岐から採られた。沿線には風光明媚な海岸風景が連続することから、阿波海南で接続する阿佐海岸鉄道とともに「阿波室戸シーサイドライン」の路線愛称が制定されている。

県都・徳島の市街地を抜けると、車窓には都市近郊街区と田園地帯、里山風景が展開。牟岐〜浅川間では海岸線の風景が楽しめる。

特急「むろと」(徳島〜牟岐間)が1日1往復運転(キハ185系充当)。普通列車は徳島都市圏の徳島〜阿南間では1時間に2本の運転本数が確保されているが、阿南〜牟岐間は1日10・5往復、牟岐〜阿波海南間は1日8往復のみとなる。

車両は近郊形仕様の1000形、1200形、1500形。車窓を楽しむ際は、海側の座席がオススメ。砂浜に面した臨時駅・田井ノ浜は海水浴場の開設日のみ営業する。

徳島を出て間もなく、万葉集にも詠まれた有名な眉山(びざん)の姿を見られる。徳島〜阿波富田間

non-electrified railway 93

阿佐海岸鉄道

DMVに転換された徳島・高知県境の第三セクター鉄道

阿佐海岸鉄道は、旧阿波国（徳島県）と土佐国（高知県）を結ぶ路線として計画された国鉄阿佐線（徳島県区間は阿佐東線）の既着工区間・海部《かいふ》〜甲浦《かんのうら》間を継承して1992（平成4）年3月に開業。長らくJR牟岐線の支線のような位置付けであった。

その後、徳島県と沿線自治体はDMV（道路ではバスとして走行可能な鉄道車両）の導入を決定し、2020（令和2）年11月にJR牟岐線の阿波海南〜海部間を阿佐東線に編入。翌21年12月から阿波海南〜甲浦間では阿佐東線の線路上を、その前後区間は道路上を走行するDMVの運転を開始した。阿波海南文化村〜阿波海南〜甲浦〜道の駅宍喰《ししくい》温泉間で運転され、週末には甲浦から海の駅とろむに乗り入れる便もある。

鉄道区間は高架と切り通し・盛土で構成、山並みが迫る那佐湾に面した海岸沿いを走るためトンネルが多い。

鉄道事業者
阿佐海岸鉄道
路線名
阿佐東線
全区間
阿波海南〜甲浦
非電化区間
阿波海南〜甲浦
使用車両
DMV93形

全長44mの短小トンネルとして有名な海部駅構内の町内トンネルを抜け出てきたDMV。

土讃線

鉄道事業者
JR四国
路線名
土讃線
全区間
多度津～窪川
非電化区間
琴平～窪川
使用車両
1000形、1500形、2700系ほか

四国山地を縦貫 特急列車も行き交う 香川・高知の大動脈

土讃線は旧讃岐国（香川県）と土佐国（高知県）を結ぶ路線として敷設された全長198・7㎞の幹線。四国を縦貫する重要路線だが、電化区間は高松近郊区間の多度津～琴平間に限定されており、琴平以南に設定される全列車が気動車による運転となる。

急峻な四国山地を縦貫する黒川～新改間には山岳区間が連続。吉野川に沿って走行する佃～大田口間のうち、大歩危《おおぼけ》～小歩危間は四国を代表する景勝区間として知られる。山岳区間一帯には25‰勾配や急カーブ区間が続き、特急列車にはJR四国の振り子式気動車が充当される。

山岳区間には大杉、土佐北川、新改といった秘境駅が点在するが、大歩危～土佐山田間の普通列車は1日5往復と少ないので「駅めぐり」のハードルは高い。高知都市圏に位置する土佐山田～伊野間の車窓には都市近郊風景が続く。

四国の二大幹線として、予讃線と双璧をなす土讃線。特急「南風」が設定され、2700系で運転されている。阿波川口～小歩危間

non-electrified railway 95

徳島線

清流吉野川沿いを走行 四国中央部を横断する 都市間輸送路線

徳島線は、高徳線の佐古と土讃線の佃とを結ぶ地方交通線で、徳島本線と称されていた時期もある。路線名称はかつての起点・徳島駅にちなむ。四国地方を代表する河川・吉野川に並行していることから、「よしの川ブルーライン」の路線愛称が制定されている。

車窓風景のハイライトは吉野川に面した区間が連続する川田～佃間で、この一帯は四国有数の景勝区間に数えられる。徳島～川田間は徳島都市圏の都市近郊街区を走行、途中駅の学の入場券は、学問や受験にご利益があると人気を集めており、現在はＪＲ四国の主要駅で販売されている。

特急「剣山《つるぎさん》」(徳島～阿波池田間)が1日5・5往復運転。普通列車は全区間を通しての設定は下り9本・上り11本だが、阿波川島・穴吹から徳島方面に折り返す列車も多い。観光列車「藍よしのがわトロッコ」(徳島～阿波池田間)は川沿い風景を堪能できる。

鉄道事業者
JR四国
路線名
徳島線
全区間
佐古～佃
非電化区間
佐古～佃
使用車両
1000形、1500形、キハ40系、キハ185系

吉野川に最も近い区間を走るキハ185系の特急「剣山」。辻～阿波加茂間

non-electrified railway 96

土佐くろしお鉄道

鉄道事業者
土佐くろしお鉄道
路線名
中村線、宿毛線、阿佐線
全区間
窪川～中村（中村線）、
中村～宿毛（宿毛線）、
後免～奈半利（阿佐線）
非電化区間
窪川～中村（中村線）、
中村～宿毛（宿毛線）、
後免～奈半利（阿佐線）
使用車両
TKH-8000形、9640形ほか

幡多半島と室戸半島に3路線を営業
全国有数の規模を誇る三セク鉄道

海岸沿いの高架線を走る土佐くろしお鉄道「ごめん・なはり線」のオープン型観光列車9640形。

宿毛・中村線のTKT－8000形。「ごめん・なはり線」とは車両が異なる。中央部の窓が大きいのが特徴。

7

土佐くろしお鉄道は、高知県西南部の中村線・宿毛《すくも》線、同県東部の阿佐線を有する第三セクター鉄道である。3路線のうち中村線のみ国鉄時代に開業した路線で、その他の2線と駅や線路施設の雰囲気が異なる。

中村線はJR土讃線の窪川を起点に、四万十川河口の四万十市（旧・中村市）に至る。入り組んだ海岸線や山中を進むためトンネルが多く、四国では唯一のループ式トンネル「第一川奥トンネル」もある。宿毛線は中村と四国最南端の駅・宿毛を結び、高架・トンネル区間が多い。中村・宿毛線は「四万十くろしおライン」（区間愛称）を形成しており、実質的には一路線として営業、JR四国の特急列車「しまんと」「あしずり」も乗り入れる。

一方「ごめん・なはり線」の路線愛称がある阿佐線は、JR土讃線の後免と奈半利を結ぶ室戸半島西側の路線。ほとんどの区間が盛土と高架で、太平洋の絶景が堪能できる区間が連続する。特急列車の設定はないが、郷土出身の偉人から命名されたオープンデッキ型観光列車「しんたろう号」（中岡慎太郎）、「やたろう号」（岩崎弥太郎）は、潮風を感じながら海岸線の眺望が楽しめると人気を集めている。安芸駅に隣接する安芸市営球場ではプロ野球・阪神タイガースのキャンプが行われ、車内からもその様子が見える。3線とも自社発注の気動車が投入されている。

non-electrified railway

97

予讃線

海岸風景が連続
肱川沿い区間では
美しい清流を堪能

鉄道事業者
JR四国
路線名
予讃線
全区間
高松〜宇和島、向井原〜内子、新谷〜伊予大洲
非電化区間
伊予市〜宇和島、向井原〜内子、新谷〜伊予大洲
使用車両
キハ32形、キハ46形、2000系、2700系ほか

長らく全線非電化だった四国内の国鉄各線は、国鉄末期から電化が段階的に進行。予讃線は1990（平成2）年11月までに高松〜伊予市間が電化、同時に電化区間の高速化工事も完了している。だが、それ以降電化区間の延伸は行われず、伊予市以西に乗り入れる列車には気動車が充当されている。

予讃線非電化区間の車窓のハイライトは高野川〜伊予長浜間の海沿いの区間で、車窓から伊予灘の絶景が堪能できる。特に下灘《しもなだ》駅はホーム越しに伊予灘が望める駅として全国的に有名で、近年はメディアに取り上げられる機会も多い。夕方の風景は格別で、日の入りの時間を狙い訪れる人も多い。肱川《ひじ》沿いの区間が連続する伊予長浜〜伊予大洲間の車窓も見どころが多い。この区間の定期列車は普通列車のみ9往復だが、3時間以上空白の時間帯もある。予讃線非電化区間を走る観光列車「伊予灘ものがたり」も人気だ。

「青春18きっぷ」のポスターに何度も登場し、海に面した駅として人気の下灘駅。高松地区と同じ予讃線だが、ここは非電化単線である。

7

non-electrified railway 98

内子線

短絡ルート編入で再生を果たした高規格な非電化路線

内子線は、予讃線の向井原〜伊予大洲間の短絡ルートの一部にあたる全線単線の地方交通線。国鉄末期には廃止が検討された時期もあったが、予讃線短絡ルートの編入を機に存続が決定、現在は特急「宇和海《うわかい》」が1日16往復設定される。車窓からは内子町や大洲市の瓦屋根の連なる住宅地と里山を望むことができる。五十崎《いかざき》〜新谷間の矢落川に面した区間では清流美を堪能できる。予讃線区間の伊予大平〜伊予中山間ではJR四国最長の犬寄トンネル（6012m）をはじめ多くのトンネルを通過する。内子駅前には当時の駅名表示板と旧内子線で活躍した蒸気機関車C12形231号機が展示され、車内からも眺めることができる。

車両は、特急「宇和海」に2000系、普通列車にキハ32形などを運用。普通列車も1〜2時間に1本程度の運転本数が確保されている。

鉄道事業者
JR四国
路線名
内子線
全区間
内子〜新谷
非電化区間
内子〜新谷
使用車両
キハ32形、2000系ほか

新設短絡線らしく、近代的な高架駅になっている内子駅を発車する2000系の特急「宇和海」。

予土線

鉄道事業者
JR四国
路線名
予土線
全区間
若井～北宇和島
非電化区間
若井～北宇和島
使用車両
キハ32形ほか

国内有数の清流 四万十川が堪能できる 全国屈指の景勝路線

旧伊予国（愛媛県）と土佐国（高知県）を結ぶことから予土《よど》線と命名された。整備には時間を要し、全通は国鉄時代後期の1974（昭和49）年3月。日本有数の清流として知られる四万十川に沿って走ることから「しまんとグリーンライン」の路線愛称を持つ。特に土佐大正～江川崎間では、蛇行する四万十川の清流が車内からも堪能でき、右に左に絶景区間が連続する。

全線通して走る列車は1日4往復と少なく、残りは宇和島から江川崎、または近永《ちかなが》までの区間運転である。窪川～若井間は土佐くろしお鉄道の運賃が別途必要。清流の風を楽しめるトロッコ列車「しまんトロッコ」、模型世界を堪能できる「海洋堂ホビートレイン」、0系新幹線をモチーフとした「鉄道ホビートレイン」など、趣向を凝らした車両が一般列車として投入されており、指定料金も不要で利用できる。

四万十川に沿って進む、予土線の「鉄道ホビートレイン」。3本の観光列車が沿線を盛り上げる。

chapter

8

九州の非電化鉄道

non-electrified railway

門司港レトロ観光線

福岡県有数の観光エリア「門司港レトロ地区」と関門海峡に面した「和布刈《めかり》公園地区」とを結ぶ全長２・１㎞の観光鉄道。路線名はネーミングライツにより制定された「北九州銀行レトロライン」と呼称されるのが一般的。列車には「潮風号」の愛称が制定される。

貨物線廃線を転用 トロッコからは関門海峡を一望

起点の九州鉄道記念館は門司港レトロ地区の中心部にありＪＲ門司港駅とも至近距離。同駅〜出光美術館駅付近はベイエリアの高層ビル群の中を、出光美術館駅を過ぎると閑静な住宅街の中を進む。

ノーフォーク広場駅一帯は海沿いの区間を走行する車窓風景のハイライト、さらに和布刈トンネルを抜けると終着の関門海峡めかり駅に到着。この一帯では源平最後の合戦「壇ノ浦の戦い」の舞台になった関門海峡を間近に望むことができる。運転本数は１日11往復、観光輸送に特化し、列車は朝10時台から16時台（上りは17時台）のみの設定となる。

鉄道事業者
平成筑豊鉄道

路線名
門司港レトロ観光線

全区間
九州鉄道記念館〜関門海峡めかり

非電化区間
九州鉄道記念館〜関門海峡めかり

使用車両
DB101・102号、トラ701・702号

起点の九州鉄道記念館駅で出発を待つ「潮風号」。DB10形が前後に付いて折り返し運転を行う。

後藤寺線

non-electrified railway 101

鉄道事業者
JR九州
路線名
後藤寺線
全区間
新飯塚～田川後藤寺
非電化区間
新飯塚～田川後藤寺
使用車両
キハ40系

地域輸送路線に転換 全線に国鉄時代の雰囲気が色濃く残る

新飯塚と田川後藤寺とを結ぶ全長13・3kmの地方交通線。田川後藤寺～起行（廃止）間は九州鉄道（明治時代の私鉄）が敷設した運炭を目的とした専用線、起行～赤坂間は船尾山の石灰石輸送を目的に設立された産業セメント鉄道、赤坂～新飯塚間も九州鉄道が敷設した旅客線がルーツと、短い路線ながらも複雑な歴史を有する。1943（昭和18）年に全区間が後藤寺線として再編。昭和末期に筑豊各地の国鉄路線が続々と廃止されるなか、田川市と福岡市を結ぶ最短ルート上にあるため存続した。

沿線の大部分は都市近郊街区と田園風景が混在するが、船尾山を越える船尾～筑前庄内間の沿線には森林区間が続く。船尾山では現在も石灰石が採掘され、車内から操業の様子が見られる。運転本数は1日23往復。区間列車は設定されないが、下りは1日1本が日田彦山線の田川伊田に乗り入れる。

船尾を出発した新飯塚行きのキハ40形。船尾～筑前庄内間はセメント工場や採石場の中を行く。

筑豊本線

3つの路線愛称を持つ
北部九州を縦貫する長大幹線

鉄道事業者
JR九州

路線名
筑豊本線

全区間
若松～原田

非電化区間
若松～折尾、桂川～原田

使用車両
BEC819系、キハ40系ほか

筑豊本線は北九州市若松区の若松と筑紫野市南部の原田《はるだ》とを結ぶ全長66・1kmの地方交通線である。路線名は福岡県中央部、旧筑前国と豊後国にまたがる筑豊地方を縦貫することから命名された。折尾～桂川《けいせん》間は2001（平成13）年10月に電化され、鹿児島本線黒崎～折尾間、篠栗《ささぐり》線とともに「福北ゆたか線」（路線愛称）に編入された。

非電化区間として残された区間のうち、若松～折尾間は「若松線」の路線愛称が制定され、北九州市若松区、八幡西区の東西の交通軸として機能する。

かつては折尾で折り返す列車が多かったが、蓄電池電車BEC819系の投入以後は若松～直方《のおがた》間を直通する列車が増発されている。同形式は電車の扱いとなるため、この区間の列車番号の記号はMが用いられる。若松線沿線は全区間が都市化されており、工場、商業施設、マンション、住宅が混在する。若松～藤ノ木間では洞海湾や対岸の戸畑地区を一望できる。

一方、桂川～原田間は「原田線」の路線愛称が制定され、他線区・区間との乗り入れがない独立した区間。三郡《さんぐん》山地（冷水峠）を越える桂川～筑前山《ちくぜんやま》家《え》間は福岡都市圏の外縁部にありながらも人口規模が希少。この一帯では森林と田園が連なるのどかな風景が連続する。原田線は1日9往復を設定、車両にはキハ40系が充当される。

筑豊本線のうち、若松線と呼ばれる都市部の区間は蓄電池電車のBEC819系が担う。架線のない二島駅に、パンタグラフを下ろしたBEC819系が入線する。

8

原田線の路線愛称で呼ばれる桂川〜原田間は主に単行のキハ40形が担うローカル区間となった。

若松駅に停車するBEC819系。石炭輸送のため貨車が並んでいた時代の面影はない。

香椎線

鉄道事業者
JR九州
路線名
香椎線
全区間
西戸崎～宇美
非電化区間
西戸崎～宇美
使用車両
BEC819系300番代

福岡都市圏の都市近郊路線として高頻度運転を実施

香椎線は志賀島への入り口・西戸崎《さいとざき》と福岡都市圏のベッドタウン、宇美町の宇美とを結ぶ全長25・4㎞の地方交通線。鹿児島本線と接続する香椎を境に事実上系統分割されており、全区間通しの列車も香椎で3～21分程度停車する。鹿児島本線への直通列車は1日1本のみ。沿線に九州本土と志賀島をつなぐ「海の中道」(西戸崎～香椎間)が含まれることから「海の中道線」の路線愛称がある。

車窓のハイライトは「海の中道」で、全国でも珍しい砂州上を走る。沿線の大部分は都市近郊街区で、和白～香椎神宮間には大型商業施設やマンションも林立。和白～香椎間では西鉄貝塚線が並行する。土井は山陽新幹線の高架下にあり、長者原《ちょうじゃばる》は篠栗線との交点に新設された駅。終着の宇美はかつて石炭の積み出しでにぎわっていた。車両は蓄電池電車のBEC819系300番代で、香椎の停車・折り返し時に充電する。

砂州上に線路が敷設された海の中道を走るBEC819系。海ノ中道～雁ノ巣間

non-electrified railway 104

日田彦山線

鉄道事業者
JR九州
路線名
日田彦山線
全区間
城野〜夜明
非電化区間
城野〜添田
使用車両
キハ40系

豪雨災害で被災した添田以南はBRTでの営業再開が決定

日田彦山線《ひたひこさん》は北九州市小倉南区の城野（日豊本線と接続）と大分県日田市の夜明（久大本線と接続）とを結ぶ全長68・7㎞の地方交通線。城野〜志井付近は市街地化されて住宅やマンションが林立、志井を過ぎると田園風景が展開し、石原町を過ぎると車窓からは地域の名峰・香春《かわら》岳の威容が望める。この一帯では現在でも石灰石採掘が行われ、露出した山の地肌を見られる。香春〜添田間は筑豊都市圏、車窓には市街地と田園風景が混在する。

添田以南は2017（平成29）年7月の豪雨災害被災により長らくバス代行運転が実施されていたが、2023年8月にBRT（バス高速輸送システム）の「BRTひこぼしライン」（添田〜夜明・日田間）への転換が決定している。彦山〜宝珠山間は日田彦山線の路盤を転用した専用道を走行、鉄道時代の面影が残る区間として人気を集めそうだ。

採銅所という地名だが、現在は採掘されていない。背後の独立峰は竜ヶ鼻。

平成筑豊鉄道

筑豊地区の3路線を継承 独自施策による活性化を推進

平成筑豊鉄道は、福岡県筑豊地方を中心に伊田線・糸田線・田川線の3路線を営業する第三セクター鉄道。平成元年（1989年）に開業したことから社名に平成を冠している。同社はラッピング車両の導入、駅名ネーミングライツや枕木オーナー制度の実施、ダイヤの改善、新駅の設置など各種の経営改善策を実施し、第三セクター鉄道経営のモデルとして注目を集めている。

田川線（行橋～田川伊田間）は全長26・3km、福岡県の京築《けいちく》地方と筑豊地方を直結する。点在する都市近郊区間に加えて、今川河童～崎山間では一部で今川沿い、崎山～油須原《ゆすばる》間は山間部など車窓風景はバラエティーに富む。

伊田線（田川伊田～直方間）は全長16・1kmの路線の多くが筑豊平野の都市近郊区間で、純田園風景の区間は少ない。遠《おん》賀《が》川を越えるあかぢ～南直方御殿口間一帯が同線の車窓のハイライト。

本社所在地の金田（伊田線と接続）と後藤寺（JR日田彦山線・後藤寺線と接続）とを結ぶ糸田線は全長6・8km。こちらも沿線の都市化が進み、純農村風景は見られない。

田川線と伊田線は一体的に運行され、行橋～直方間の直通列車もある。行橋～犀川間、金田～直方間の区間列車も多い。糸田線は、日中時間帯は伊田線直方と直通するが、朝夕は線内折り返しとなる。車両は400形、500形が在籍、3線区で共通運用されている。

直方から南直方御殿口までは、JR筑豊本線と併走する。背後の跨線橋は、旧直方機関区の転車台を再利用したもの。

鉄道事業者
平成筑豊鉄道
路線名
伊田線、糸田線、田川線
全区間
直方～田川伊田（伊田線）、
金田～田川後藤寺（糸田線）、
行橋～田川伊田（田川線）
非電化区間
直方～田川伊田（伊田線）、
金田～田川後藤寺（糸田線）、
行橋～田川伊田（田川線）
使用車両
400形、500形

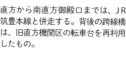

田川線の築堤に残る中津原三連橋梁。明治時代に建造されたれんがアーチ橋で、1つは道路に、2つは水路に架かる。勾金〜上伊田間

国鉄時代は石炭列車が多数走っていた田川線。油須原駅には、当時をしのばせる広大な構内が残る。観光列車「ことこと列車」が停車する。

甘木鉄道

数々の経営改善策により再生を果たした都市近郊路線

鉄道事業者
甘木鉄道

路線名
甘木線

全区間
基山〜甘木

非電化区間
基山〜甘木

使用車両
AR300形、AR400形

甘木《あまぎ》鉄道は、福岡都市圏のベッドタウン・佐賀県基山町の基山を起点に、朝倉市西部の甘木とを結ぶ全長13・7㎞の第三セクター鉄道。路線名は国鉄時代と同様に甘木線を称するが、地元では愛称である「甘鉄」と呼称されることが多い。営業開始は1986（昭和61）年4月、当初は経営を危ぶむ声もあったが、増発や西日本鉄道大牟田線（現・天神大牟田線）との交点への

大板井から小郡にかけて、高架線を大分自動車道と併走する。

小郡駅に停車するAR300形。左の西日本鉄道天神大牟田線の西鉄小郡駅とのアクセスを高めるため、移転・改称された。

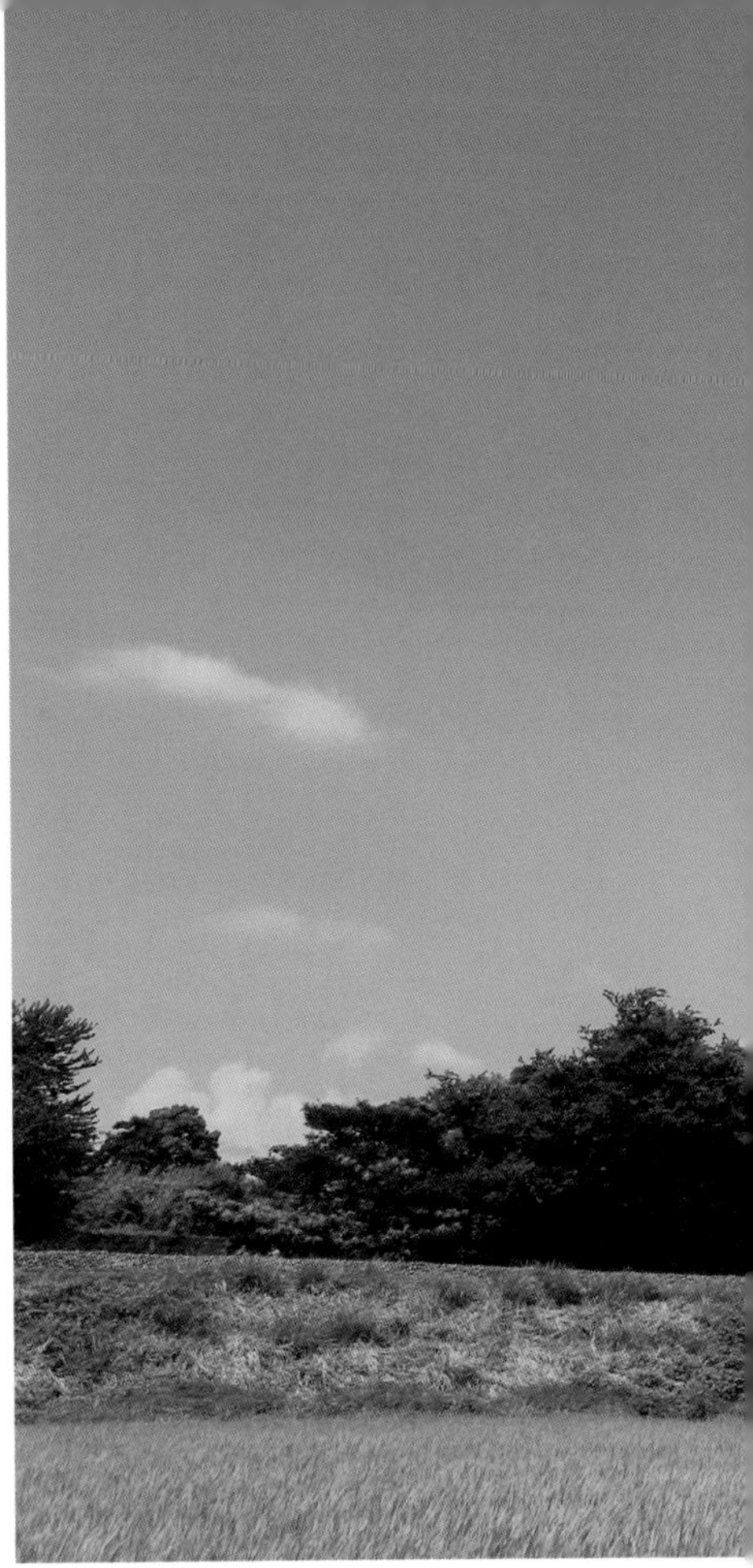

沿線に広がるのどかな田園風景を、国鉄気動車一般色を模した塗色の気動車が行く。

駅設置などの経営的なテコ入れが奏功し、営業収支を黒字化した。

車窓の大部分は都市近郊街区と田園風景が混在する。ハイライトは宝満川の橋梁で筑後平野北東部が一望できる。松崎〜今隈間は高速道路のジャンクションに近く工業団地や倉庫が連なる。西太刀洗《にしたちあらい》〜山隈間の車窓には田園風景越しに地域のシンボルである花立山が展開、太刀洗では駅隣接のレトロステーションに展示された航空自衛隊のT33練習機を見られる。終着の甘木駅は、西鉄甘木駅とは徒歩圏にあり、「筑前の小京都」として名高い秋月はここから路線バスによるアクセスとなる。

車両はAR300形7両とAR400形（宝くじ号）1両が在籍、いずれもカラフルな塗装が施されている。1両か2両編成によるワンマン運転が基本で、快速列車の設定はない。通勤輸送に力点を置いたダイヤ設定がなされており、基山発の最終列車（平日）は23時36分と遅い。

筑肥線

松浦川に沿ったカーブ区間が連続美しい里山群を堪能

鉄道事業者
JR九州
路線名
筑肥線
全区間
姪浜～唐津、山本～伊万里
非電化区間
山本～伊万里
使用車両
キハ125形

筑肥《ちくひ》線は、姪浜《めいのはま》～唐津間の電化区間（42・6km）と山本～伊万里間の非電化区間（25・7km）が別個に存在する（全区間が幹線の扱い）。かつては連続した路線だったが、1983（昭和58）年3月の部分電化開業に合わせて東唐津～唐津間の短絡線新設、東唐津～山本間の廃止が行われ、非電化区間は実質的に飛び地区間となった。

非電化区間は松浦川沿いの狭隘な平地を走行、車窓からは田園風景や里山風景が堪能できる。運転席の後部から路線のカーブ角度、アップダウン、各鉄道施設を体感するのも楽しい。国鉄時代末期までは博多～佐世保・長崎間を筑肥線・松浦線経由で結ぶ急行「九十《くじゅう》九島《くしま》」の設定もあったが、現在は1日9往復の普通列車のみ。全列車が山本から唐津線に乗り入れ、唐津あるいは西唐津を始発・終着駅とする。線内折り返しは設定されず、キハ125形のワンマン運転が基本となる。

電化区間は福岡市営地下鉄に直通しているが、非電化区間は一転してローカル線になる。キハ125形が駒鳴駅に入線する。

non-electrified railway 108

唐津線

佐賀県中央部を縦貫 バラエティに富む 車窓も魅力

唐津線は、佐賀市の久保田と唐津市の西唐津とを結ぶ全長42・5㎞の地方交通線。1983（昭和58）年3月に筑肥線姪浜～唐津間の電化に合わせて唐津～西唐津間が電化されたが、それ以外の区間は非電化のままだ。

車窓風景は多彩で、佐賀平野を走行する久保田～小城《おぎ》間では広大な田園風景と佐賀市街地の遠景、小城～多久《たく》間は小都市街区と里山風景、多久～山本間は笹原峠越えの森林風景、山本～唐津間は都市近郊の街区と松浦川の眺めが楽しめる。開業当初は石炭輸送でにぎわったが、国鉄末期に貨物列車の設定は消滅。現在は普通列車のみの運転だが、大部分の列車は佐賀～西唐津間に設定され、一部は多久と唐津で折り返す。

車両はキハ47形とキハ125形を充当、ワンマン運転が基本となる。厳木《きゅうらぎ》には1926（大正15）年竣工の給水塔と1930（昭和5）年竣工の木造駅舎が残存する。

鉄道事業者
JR九州
路線名
唐津線
全区間
久保田～西唐津
非電化区間
久保田～唐津
使用車両
キハ40系、キハ125形

厳木駅に停車するキハ47形＋キハ125形の普通列車。手前にある給水塔は、大正時代の1926年に竣工したもの。

松浦鉄道

鉄道事業者
松浦鉄道

路線名
西九州線

全区間
有田〜佐世保

非電化区間
有田〜佐世保

使用車両
MR-400形、
MR-500形、
MR-600形

日本最西端の粘着式鉄道 リアス式海岸を行く 地域輸送路線

北松浦半島をぐるりと回るように結ぶ松浦鉄道。MR-600形が海岸線に沿って走る。

松浦鉄道は佐賀県西部の有田と長崎県の佐世保を結ぶ第三セクター鉄道で、JR九州松浦線を継承して1988(昭和63)年4月に営業を開始した。三セク転換時に路線名称が西九州線に変更され、地元では同社愛称の「MR」と呼称されることも多い。

リアス式海岸や山岳の地形に合わせて敷設されたことから沿線にはカーブが多い。波瀬《はぜ》〜福島口間では伊万里湾、鷹島口《たかしまぐち》〜前浜間では玄界灘を車窓から望むことができ、当線随一の景勝区間となる。また、楠久〜波瀬間、前浜〜調川《つきのかわ》間、松浦〜松浦発電所前間では工業地帯や発電所の風景が車窓に展開する。日本最西端のたびら平戸口、日本一駅間が短い中佐世保〜佐世保中央間(0・2㎞)も同線の楽しみの一つ。

系統は伊万里を境に分割され、全区間を通して運転される列車はない。有田〜伊万里間が1時間に1〜3本程度、伊万里〜佐世保間が1時間に1〜2本程度、佐々《さざ》〜佐世保間は1時間に2〜5本程度(快速を含む)と区間によって運転頻度は大きく異なる。

車両は4人掛けボックスシート、1人掛け転換式クロスシート、ロングシートの3種が配置されたMR-600形「肥前WEST LINER」が主力。このほかセミクロスシートのMR-400形、転換式クロスシートでトイレとカラオケ装置を備えたレトロ調のMR-500形も在籍する。

佐世保は長崎県第2の都市。ビルの谷間の高架線をMR-600形が行く。

江迎川を渡るレトロ調のMR-500形。松浦鉄道には橋梁が多い。江迎鹿町〜すえたちばな間

長崎本線

鉄道事業者
JR九州
路線名
長崎本線
全区間
鳥栖〜長崎、喜々津〜浦上
非電化区間
肥前浜〜長崎、喜々津〜浦上
使用車両
YC1系

海岸沿い区間が連続 最新鋭のYC1系で 絶景区間を楽しむ

長崎本線は佐賀県北西部の鳥栖と長崎県の県都・長崎とを結ぶ全長148・8㎞（支線を含む）の幹線。輸送改善・高速化を目的に1972（昭和47）年10月に喜々津〜浦上間に市布経由の新線（長崎トンネル）が開業すると、同区間の長与経由の区間は実質的に支線扱いとなる（通称・長与支線）。長崎本線は1976（昭和51）年6月に電化されたが、長与支線は非電化のまま現在に至る。

朝夕は1時間に2本程度、日中でも1時間に1本程度を設定、全列車が長崎駅を始発・終着とする。大村線への直通列車や長与での折り返し列車の設定もある。車両はYC1系を充当。喜々津〜大草間は大村湾沿いの区間が連続、その一方、長与〜浦上間では市街地を走る。

2022（令和4）年9月の西九州新幹線開業に伴い、肥前浜〜長崎間が電化から非電化に変更。電化設備も順次撤去される。

大浦湾に面した名撮影地を行くYC1系。長崎地区の非電化路線は、顔ぶれがすっかり変わった。喜々津〜東園間

大村線

大村湾に沿う美しい景色が続く大村線。現在はすべてハイブリッド車のYC1系で運転されている。大村～岩松間

鉄道事業者
JR九州
路線名
大村線
全区間
早岐～諫早
非電化区間
ハウステンボス～諫早
使用車両
YC1系ほか

新幹線車両基地や大村湾を一望できる長崎県の都市間路線

長崎県の佐世保市（早岐《はいき》駅）と諫早市を結ぶ全長47・6㎞の地方交通線。早岐～ハウステンボス間は博多から電車特急が乗り入れるため1992（平成4）年3月に電化されたが、それ以外の区間は非電化である。

大村湾沿いの区間が連続する小串郷～松原間は同線の車窓のハイライト。松原～諏訪間では2022（令和4）年9月に開業したばかりの西九州新幹線の車両基地や高架橋が隣接、車内から西九州新幹線との並走シーンが楽しめる。

佐世保～諫早～長崎間に快速・区間快速「シーサイドライナー」を1日14・5往復設定（区間運転もあり）。普通列車も1時間に1本運転されるが、約半数は竹松から諫早方面に折り返す。車両は最新鋭のYC1系。多客期には、キハ40系改造の観光特急「ふたつぼし4047」（長崎～武雄温泉間）も設定される。

non-electrified railway

112

鉄道事業者
島原鉄道

路線名
島原鉄道線

全区間
諫早～島原港

非電化区間
諫早～島原港

使用車両
キハ2500形、
キハ2550形

島原鉄道

海岸の駅・大三東をはじめ魅力的な沿線風景が連続

島原鉄道は長崎県島原半島一帯の鉄道・路線バス・航路を営業する交通事業者で、創業は1908（明治41）年5月。鉄道事業部門は諫早～島原港間の島原鉄道線（全長43・2km）を運営しており、島原半島東部の基軸交通機関として機能している。

昭和時代までは形式数・車両数ともにバラエティーに富んでいたが、平成以降整理・集約が進み、現在は新潟鉄

工所（現・新潟トランシス）製のキハ2500形とキハ2550形の2形式のみ。各車両の車体には「島原の子守唄」の歌詞をモチーフとした女性と子どものキャラクターがラッピングされている。かつては、島原半島南部にも路線を有していたが、2008（平成20）年4月に島原外港（現・島原港）～加津佐間（全長35・3㎞）が廃止され、現在の営業区間となる。

沿線の諫早湾は古くから干拓事業が実施されており、干拓の里～愛野間付近では干拓地に広がる広大な水田風景が車窓に展開する。また吾妻《あづま》～三会《みえ》間では有明海沿いの区間が点在、特にホームと波打ち際が接する大三東《おおみさき》駅は同線の車窓のハイライトとして人気を集める。非電化私鉄としては運転頻度が高く、特に諫早都市圏の諫早～本諫早間には区間列車を含めて毎時2本の列車本数を確保。朝の時間帯には料金不要の急行列車（上りのみ）が運転されている。

海に面した駅、黄色いハンカチの駅として近年、注目を集めている大三東駅。青い海に黄色い気動車がまぶしい。

満潮と干潮で表情を変える船だまりの脇を走るキハ2550形。満潮時は写真のように海岸に迫る光景が見られる。霊丘公園体育館～島原船津間

キハ2505Aは、「赤パンツ」塗装と呼ばれた、キハ20形がまとっていた往年の車体色をまとう。

久大本線

鉄道事業者
JR九州
路線名
久大本線
全区間
久留米〜大分
非電化区間
久留米〜大分
使用車両
キハ125形、キハ200形、キハ220形ほか

由布院のアクセス路線 高原風景と渓流が続く 北部九州横断路線

久大《きゅうだい》本線は鹿児島本線の久留米と日豊本線の大分とを結ぶ全長141・5㎞の地方交通線で、沿線に九州有数の観光地・由布院（地域名は湯布院）を擁することから「ゆふ高原線」の路線愛称が制定されている。車窓のハイライトは由布院〜南由布間の由布岳の絶景。ほかにも久留米〜野矢間では筑後川とその上流、由布院〜大分間では大分川に沿った区間が連続、丘陵地帯と都市近郊街区が混在する向《むかい》之《の》原《はる》〜南大分間一帯も変化に富んだ車窓風景が楽しめる。

線内には「ゆふいんの森」（博多〜由布院・別府間）と「ゆふ」（博多〜大分・別府間）の2系統の特急列車が設定される。全区間通しの普通列車の設定はなく、日田と由布院で系統が分割される。久留米〜筑後吉井間と向之原〜大分間は都市圏ダイヤが組まれており、おおむね1時間に1〜2本の運転。キハ125形やキハ200形などが充当される。

由布岳を背に久大本線を走るキハ71系「ゆふいんの森」。個人旅行の時代に登場した「ゆふいんの森」は、観光特急の先駆けとなった。由布院〜南由布間

豊肥本線

阿蘇の外輪山を走行 雄大な山岳風景を 心行くまで堪能する

豊《ほう》肥《ひ》本線は、熊本と大分とを結ぶ全長148・0kmの九州横断路線で「阿蘇高原線」の路線愛称がある。地方交通線に分類されるが、都市圏輸送、都市間輸送、観光輸送など多様なニーズに対応したダイヤが組まれている。

非電化区間は肥後大津～大分間の125・4kmで、区間内には熊本～大分・別府間の「九州横断特急」、熊本～別府間の「あそぼーい！」、熊本～宮地間の「あそ」の3つの特急列車が設定される。全区間通しの普通列車はなく、宮地、豊後竹田、三重町、犬飼、中判田などで折り返す。2016（平成28）年4月の熊本地震では非電化区間を中心に大規模な被害が発生、全線復旧に約4年4カ月を要した。

車窓のハイライトはカルデラの中へと進む立野《たての》～宮地間で、北側に外輪山、南側に阿蘇五岳（中央火口丘）の絶景を堪能できる。豊後竹田以東の大野川沿いの車窓も変化に富む。

鉄道事業者
JR九州
路線名
豊肥本線
全区間
熊本～大分
非電化区間
肥後大津～大分
使用車両
キハ125形、キハ200形、キハ220形ほか

阿蘇山のカルデラの中を走る豊肥本線の観光特急「あそぼーい！」。車窓の南側には阿蘇五岳と周辺の山々が望める。市ノ川～内牧間

non-electrified railway 115

南阿蘇鉄道

鉄道事業者
南阿蘇鉄道
路線名
高森線
全区間
立野〜高森
非電化区間
立野〜高森
使用車両
MT-2000形、MT-3000形ほか

8

熊本地震から7年
ついに全線復活を果たす
阿蘇カルデラ横断鉄道

南阿蘇鉄道は国鉄高森線（全長17・7㎞）を継承して設立された第三セクター鉄道で、1986（昭和61）年4月に営業を開始した。路線名も国鉄時代と同様だが、地域では愛称「南鉄」で呼称される。かつては、熊本〜立野〜高森〜高千穂〜延岡を結ぶルートの一部とされたが、高森〜高千穂（高千穂線）間の建設は頓挫、高千穂線を継承した高千穂鉄道も2008（平成

南阿蘇鉄道の名勝のひとつ、第一白川橋梁を渡るトロッコ列車「ゆうすげ号」。ここも長期運休区間にあり、2023年7月に復活する。

中松〜高森間は2016年7月に復旧し、観光輸送を中心に地域を支え続けた。南阿蘇白川水源

日本一長い駅名の南阿蘇水の生まれる里白水高原駅を発車したMT-2003A。写真は被災前で、2023年7月に7年ぶりに復活する。

20）年12月までに廃止され、九州横断ルート構想は幻に終わった。

新駅設置や観光トロッコ列車の運転など各種活性策により、全国的な知名度獲得に成功したが、2016（平成28）年4月の熊本地震で被災。同年7月に中松〜高森間の運行を再開したものの、特に被害の大きかった立野〜中松間の復旧には時間を要し、被災から7年3カ月を経た2023（令和5）年7月15日に全線運転再開を予定している。休止区間は日本有数の景勝区間として知られ、立野〜長陽《ちょうよう》間にある第一白川橋梁付近は春には新緑、秋には紅葉の美しい渓谷美が堪能できる。

本書校了時（2023年6月中旬）の運転区間は中松〜高森間で、観光輸送を重視したダイヤを組成、運転時刻は10〜15時台に限定されている。外輪山を抜けた長陽付近から以東はカルデラの内部を走行。牧草地や農地が広がり、車窓にはスイスアルプスのような雄大な風景が展開する。

鉄道事業者
くま川鉄道
路線名
湯前線
全区間
人吉温泉～湯前
非電化区間
人吉温泉～湯前
使用車両
KT-500形

くま川鉄道

2025年の全線復旧を目指し 4カ所で架橋工事が進行中

くま川鉄道は熊本県の人吉盆地を横断する第三セクター鉄道で、1989（平成元）年10月にJR湯前《ゆのまえ》線を継承して営業を開始。JR肥薩線人吉駅に隣接する人吉温泉駅と球磨《くま》郡湯前町の玄関駅・湯前とを結ぶ全長24・8㎞の湯前線は、社名にちなんで「くま鉄」と呼ばれている。車窓からは球磨川の清流とのどかな田園風景を堪能できる。沿線には湯前線建設当初から使用され

ている橋梁、ホーム、施設が多数残存、車内からも鉄道遺産を楽しめる。

2020（令和2）年7月の九州豪雨災害により橋梁を中心に甚大な被害が発生。翌21年11月に肥後西村～湯前間で部分復旧を果たしたが、人吉温泉～肥後西村間の復旧は橋梁区間を中心に難航。全線復旧は2025年頃を予定している。

被災前は高校生の利用が8割を占め、平日朝時間帯にラッシュが発生するため、5両が在籍するKT－500形はロングシート主体。各車両には茶色の「冬」、ベージュ色の「春」、青色の「夏」、赤色の「秋」、白色の「白秋」と、季節をイメージした塗色が施され、田園風景を堪能できる観光列車「田園シンフォニー」にも使用されていた。全線単線で、あさぎり駅は列車の行き違い設備を有する。多良木駅北側に隣接する「ブルートレインたらぎ」は、往年の寝台特急の14系客車を転用した宿泊施設である。

KT-500形は、観光輸送を考慮して水戸岡鋭治氏が内外装を手掛けたが、その後の通学利用の増加で車内はロングシートに改造された。

多良木駅を発車したKT-500形。駅からすぐの場所に、14系寝台車を使用した「ブルートレインたらぎ」がある。

茶色の「冬」と赤色の「秋」を連結した2両編成で、冬の田園を走るKT-500形。

三角線

鉄道事業者
JR九州
路線名
三角線
全区間
宇土〜三角
非電化区間
宇土〜三角
使用車両
キハ200系、キハ40系、キハ185系

有明海の干潟越しに雲仙普賢岳を望む特急列車が熊本に直結

三角《みすみ》線は、熊本県南部・宇土半島を横断する全長25・6kmの地方交通線で、「あまくさみすみ線」の路線愛称がある。住吉〜赤瀬間で線路北側に有明海の干潟が連続、海の向こうには雲仙普賢岳を含む島原半島の山並みが望める。宇土半島を横切る赤瀬〜波多浦間では山岳区間の趣、明治時代竣工のれんがポータルの「塩屋トンネル」を越えると、戸馳《とばせ》島と海峡のモタレノ瀬戸を眺められる。

国鉄時代は本土〜天草・島原方面の連絡輸送と地域内輸送が主体だったが、平成以降には観光路線化が進行。2011（平成23）年10月にジャズと古きよき欧州をモチーフとした観光特急「A列車で行こう」（熊本〜三角間）が運転を開始した。普通列車にはキハ200系とキハ40系が充当され、おおむね1時間に1本運行。全線単線で住吉、網田《おうだ》の両駅が列車の行き違いに対応。網田は開業当初の木造駅舎が残存する。

キハ200形で運転される三角線の普通列車。天気に恵まれると、対岸に島原半島を望める。赤瀬〜網田間

non-electrified railway 118

肥薩線

豪雨災害で吉松以北が不通に復旧時期は見通せず

肥薩線は、熊本県南部の八代と、鹿児島県霧島市の隼人《はやと》とを結ぶ全長124・2キロの地方交通線。開業当時は鹿児島本線の一部だったため、沿線には明治期の堅牢な鉄道施設が残存している。八代～人吉間は「川線」と呼称され、日本三大急流の球磨川に沿って走る。人吉～吉松間は「山線」と呼称され、熊本・宮崎県境にまたがる急勾配区間・矢岳《やたけ》峠をループ線とスイッチバックで越える。この一帯は日本三大車窓に数えられ、霧島連山の雄大な風景を堪能できる。吉松～隼人間は山村風景と都市近郊街区が混在、明治の木造駅舎が残存する大隅横川《おおすみよこがわ》や嘉例川《かれいがわ》の両駅は途中下車する客でにぎわう。

八代～吉松間は2020（令和2）年7月の豪雨災害で橋梁流出、路盤破損など大規模な被害が発生した。熊本県や地元自治体は鉄道による復旧を熱望しているが、JR九州は慎重な姿勢で、復旧時期は見通せない。

鉄道事業者
JR九州
路線名
肥薩線
全区間
八代～隼人
非電化区間
八代～隼人
使用車両
キハ40系、キハ220形

明治時代に建てられた大隅横川駅に停車するキハ40形。豪雨被害で、スイッチバックや球磨川沿いの区間は運休している。

吉都線

鉄道事業者
JR九州
路線名
吉都線
全区間
吉松～都城
非電化区間
吉松～都城
使用車両
キハ40系

広大な風景が連続 霧島連山の威容を間近に望む

吉都《きっと》線は、鹿児島県始良《あいら》郡北部の吉松（湧水町）と宮崎県の都城を結ぶ全長61・6㎞の地方交通線。路線名は起点・終点駅の頭文字から採られた。災害で不通となっている肥薩線八代～吉松間と合わせて「えびの高原線」の路線愛称が制定されている。

ほぼ全区間で霧島連山を望め、広大な田園風景が展開しており開放的な気分を味わえる。開業当初の木造建築が残存するえびの、キリン柄の個性的な外観の小林など、沿線には個性的な駅舎が多い。

熊本～宮崎間の短絡ルート上にあることから、かつては特急・急行の設定もあった。そのため現在でも長大ホームや列車行き違い設備を有する駅が多い。現在は普通列車のみ1日8・5往復が設定されるが、日中は4時間以上間隔の空く時間帯もある。吉松側は隼人、都城側は宮崎・南宮崎まで乗り入れる列車もある。

霧島連山を背にしたキハ47形の普通列車。周囲には田園地帯が広がる。

120 non-electrified railway

日南海岸に架かる隈谷川橋梁を渡る観光特急「海幸山幸」。2021年3月から、繁忙期は2往復に増発された。油津～大堂津間

日南線

鉄道事業者
JR九州
路線名
日南線
全区間
南宮崎～志布志
非電化区間
田吉～志布志
使用車両
キハ40系ほか

人気観光地の青島・日南を行く海浜リゾート路線

日南線は、宮崎市南部の南宮崎と鹿児島県大隅半島の志布志とを結ぶ全長88・9㎞の地方交通線。北端部の南宮崎～田吉間（2・0㎞）は電化区間で、宮崎空港線から電車を充当した特急・普通列車が乗り入れてくる。内海～伊比井《いびい》間や油津《あぶらつ》～南郷間では車内から日向灘の大パノラマを望むことができ、当線随一の景勝区間となっている。子供の国～青島間は海浜リゾートエリアの雰囲気が色濃い。内陸部を走行する伊比井～油津間、南郷～串間間では南九州の田園・森林風景も楽しめる。

車両はキハ40系を充当、土休日と春・夏・冬休みに宮崎～南郷間で運転される観光特急「海幸山幸」はキハ125形400番代が使用される。宮崎・南宮崎～油津・南郷間は1時間に1本程度の運転、油津以南は本数が半減する。全線直通列車には快速「日南マリーン号」も1往復ある。

指宿枕崎線

JR最南端駅、西大山付近では開聞岳が間近に迫る。

鉄道事業者
JR九州
路線名
指宿枕崎線
全区間
鹿児島中央〜枕崎
非電化区間
鹿児島中央〜枕崎
使用車両
キハ40系、キハ200系ほか

鹿児島都市圏輸送を担う薩摩半島縦貫路線

指宿枕崎線《いぶすきまくらざき》は、鹿児島中央と薩摩半島の枕崎とを結ぶ全長87・8㎞の地方交通線。鹿児島中央〜五位野間は鹿児島都市圏の街並みの中を走行、錦江湾沿いの区間が連なる平川〜宮ケ浜間は当線の車窓のハイライトとなる。喜入《きいれ》付近では世界最大級の原油の中継備蓄基地、ENEOS喜入基地の迫力を感じられる。JR最南端駅・西大山付近では地域随一の名峰・開聞岳が間近に迫る。入野以西も海岸近くを走行、車内からも太平洋の水平線が望める。

キハ200形充当の快速「なのはな」(鹿児島中央〜指宿・山川間)は3・5往復運転。普通列車は喜入以北の区間列車が多く、1時間に2〜3本の運転頻度が確保されている。一方、山川以西は運転本数が減少、最南端の西頴娃《にしえい》〜枕崎間は6往復のみとなる。観光特急「指宿のたまて箱」は鹿児島中央〜指宿間に1日3往復運転される。

編集
林 要介
（「旅と鉄道」編集部）

ブックデザイン
天池 聖（drnco.）

校正
木村嘉男
武田元秀

写真協力
PIXTA
Photo Library
写真AC

旅鉄BOOKS 068

全国非電化鉄道案内

2023年7月12日　初版第1刷発行

編　者　「旅と鉄道」編集部
発行人　藤岡 功
発　行　株式会社天夢人
〒101-0051　東京都千代田区神田神保町1-105
https://www.temjin-g.co.jp/
発　売　株式会社山と溪谷社
〒101-0051　東京都千代田区神田神保町1-105
印刷・製本　大日本印刷株式会社

●内容に関するお問合せ先
「旅と鉄道」編集部　info@temjin-g.co.jp　電話03-6837-4680

●乱丁・落丁に関するお問合せ先
山と溪谷社カスタマーセンター　service@yamakei.co.jp

●書店・取次様からのご注文先
山と溪谷社受注センター　電話048-458-3455　FAX048-421-0513

●書店・取次様からのご注文以外のお問合せ先
eigyo@yamakei.co.jp

Printed in Japan
ISBN978-4-635-82511-5